就又去了京都

Milly 的關西旅宿、美食、
微醺與小旅之美好片段

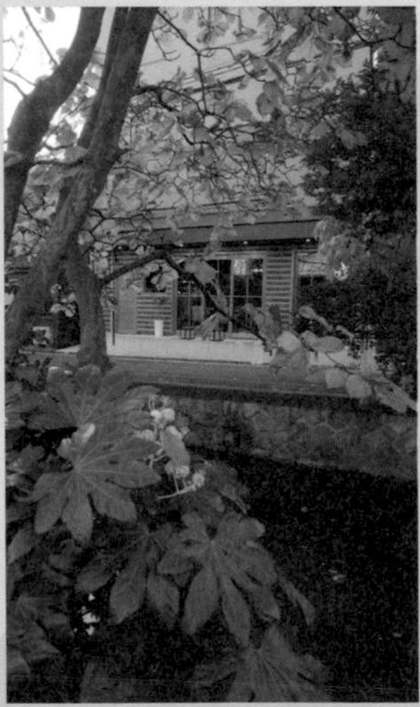

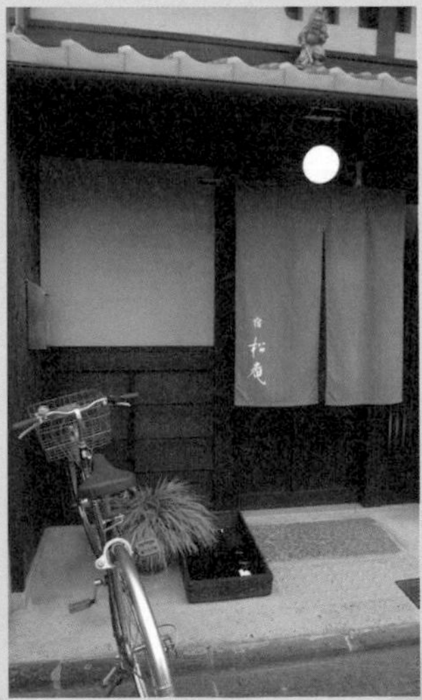

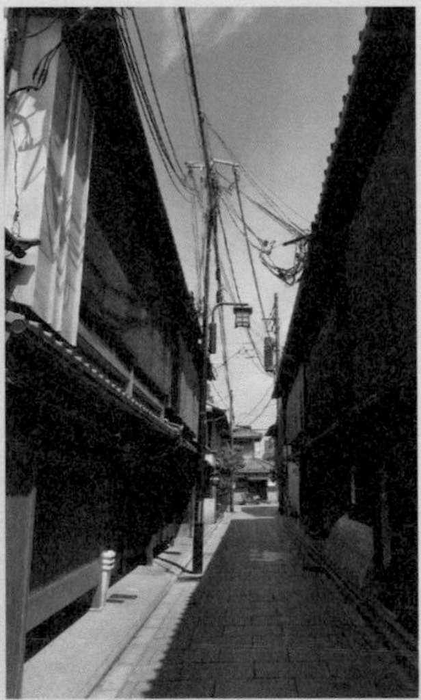

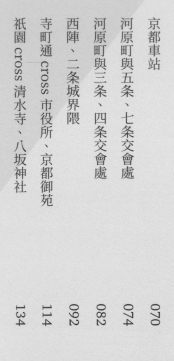

Part. 3 以京都悠然步調出發小旅行

前言

京都的魅力在於古老且美好，絕豔楓紅、璀璨櫻花時節，更是讓人趨之若鶩。

隨著觀光旅人逐年暴增態勢，千年京都正以驚愕速度改變風貌甚或是氣息。京都美好意境不本該沉穩內斂、靜謐寂侘嗎？私心期盼京都若能悠然如昔，現狀下難免讓滯留京都意願降溫。只是因而放棄品味偏愛京都又絕非所願，多年愉悅京都，正該以大人的餘裕去豐收。於是不知不覺之間就愈走愈邊陲、愈走愈巷弄，偏執滿足自我小主題、小美好消費單位。探尋那些在熱鬧虛像之外，依然自若悠然於一隅的所在。

京都的確在變，但是有說正因千年至今都勇於新事物，才有今日美好京都樣式。

所以，新的、古典的，日常的、非日常的，第幾次？忘卻吧。不去設限，只是愉悅在這時刻、這季節、這年歲心境的私我京都。

就又去了京都

想著清水寺坡路上方的垂櫻即將盛開、想著從上賀茂川橋畔看去的山野即將繪上秋色、憶起那日坐在町家老屋簷廊，沉醉在朦朧晨曦中的細雪飄落時分。

每每讓人又燃起「去京都吧～」的心情。為何如此容易被京都呼喚，答案或許只有一個，就是「京都是獨一無二的京都」。擅於在四季流轉中豐饒優雅的京都，總能一派怡然的讓旅人身心靈得以滋潤。

《三回目的京都》於二〇一三年十一月出版，放置了該年新綠（初夏）京都旅行回憶。之後二〇一四年十二月、二〇一五年四月、二〇一六年一月、十一月、二〇一七年九月與十一月再次進出京都，一個人樂在形式、主題、心境，還有旅費支配各異奇趣的京都小旅。

藉著增寫改版，會修正部分遷移、關店、更動營業狀態的店家資料，篩除部分內容，同時加入四年中往返京都關於旅宿、美食、微醺與小旅的推薦路徑。

〃二〇一四年低預算之心靈豐實京都旅〃

二〇一四年底突然想出發去旅行，偶然搜尋到，如不挑到達時間，即便不是廉航，十二月五日出發，一樣可用低於一萬台幣票價往返大阪。

幾番推敲旅行主題訂為「十三天十二夜、35,000元台幣之不貧乏冬日關西假期」，心態是：不是忍耐而在超越，設下預算樂在計算，堅守自我旅行價值。為了控制預算，交通費集中在前段關西周邊倉敷、尾道、和歌山、伊勢等地移動。後半京都滯留一週間就只用了三張500日圓京都巴士一日券。搭車移動之外就是走路再走路，反倒因而更深入京都隱密情緒角落，也總算讓路痴Milly掌握了京都以烏丸通、河原町、三条、四条，交織呈現的京都城市格局與方位。

在自我滿足的遊戲規則預算限制下，體認到只要認真搜尋，同樣可以享用到超值在地美味。去到京都大學對面「ハイライト（hi-lite）（百万遍店）」，混在年輕男學生中大啖500日圓有找的炸雞排定食。在市中心地下一樓的「定食屋soto」，點了700日圓的薑汁豬肉定食午餐，讚嘆京都才能擁有這樣兼具人文、時尚的食堂空間。在錦市場邊上的法國料理餐廳「シトロンブレ（Citron Blé）」，吃到平日午餐980日圓特價限量優惠牛排蓋飯。在寺町四条交口巷弄內的「美碧」，滿足於1,000日圓「鯖寿司と季節の煮麺」的絕品鯖魚壽司。鎖定飯店「三井ガーデンホテル京都新町別邸（三井花園飯店京都新町別邸）」一樓餐廳「IZAMA KYOTO（居様）」，由日本料理界的巨匠神田川俊郎掌廚規劃，920日圓「本日のおすすめ 平日限定10食（本日推薦平日限定十份午餐）」。在蘋果創辦人賈柏斯都被招待來此用餐的三百多年老鋪「晦庵河道屋」，吃到回味的930日圓「鴨なんば（鴨肉蕎麥麵）」。在京都府立植物園邊上擁有綠意盎然窗景的「IN THE GREEN」，跟著北山貴婦享用950日圓超值義大利套餐。

住宿選擇放寬條件搜尋，也跟探尋美食同然，不妥協於為節約而節約。

多日選擇住宿由熱愛海明威的背包旅行世代年輕夫婦 YUSAKE 和 CHECO 經營，隱身靠近京都車站的五条住宅區，女子合宿房是少見溫暖單人床，獲得「JBL Guesthouse Award 2015～'16」的「Hostel North ＋ Key Kyoto」。在男主人推薦下晚間前往距離「Hostel North ＋ Key Kyoto」一分鐘位置上巷口西班牙風貌小酒館「Santres Conleche」，喝著南歐紅酒配上歐風糖心蛋淺酌。至此開啟了京都淺酌探險序幕。發掘了午前十點就能以女子風味下酒菜淺酌一杯，位在二条通的京風小食堂「まつは」。跟「まつは」相仿，由喜歡料理、美食、喝酒微醺姊妹經營的歐風小食堂「katte」，則是在午餐時段即準備有實惠紅白酒單提供佐餐選擇。暮色低垂之前，迂迴來到高瀨川畔巷弄低調存在，空間瀰漫著慵懶氣息的「食堂ルインズ」，喝著白酒窺看京都文青那帶著內斂的優雅自在。鼓起勇氣混入京都府廳後方，地緣性濃烈，白天是木材行，晚上轉換為立食居酒屋的「酒場 井倉木材」，以溫熱日本酒配上初嘗滋味的酪梨鮮蝦酥炸天婦羅。入夜後穿梭在邊陲老屋暗巷間，尋覓將老屋再生愈夜愈美麗的咖啡屋「Hygge」，在低揚中古歐洲樂音中，堆放古董小物的微暗空間內，喝著自家釀梅酒配上無花果乾。

這於京都白日、黃昏、入夜後，探尋風味淺酌據點的興致，在日後的京都小旅中持續愉悅進行中。

Hygge

1

2

3

4

5

6

7

8

9

10

11

12

1. ハイライト（hi-lite）（百万遍店） 2. 定食屋soto 3. シトロン ブレ（Citron Blé） 4.IZAMA KYOTO（居様）
5. 晦庵河道屋 6.IN THE GREEN 7.Hostel North + Key Kyoto 8.Santres Conleche 9. まつは 10.katte
11. 食堂ルインズ 12. 酒場 井倉木材

〃二〇一五年四月大旅行中的繞路京都〃

二〇一五年四月出發的二十多日縱貫關東關西的旅行期間，前後兩回像是途中充電一般繞路京都小歇兩天一夜。一日住宿位在二条站前商店街周邊，嶄新嘗試建構提供舒適質感住宿，兼具現代裝置藝術展覽空間功能的古民家再生旅宿「KYOTO ART HOSTEL kumagusuku」。旅宿提供精緻手作京風早餐，黃昏後可淺嘗一杯自家釀製梅酒。步行範圍內有站前小設計風麵包屋「panscape」，鄰近地鐵西大路御池站有間以植物、動物、礦物標本布置，呈現獨特美學的咖啡店「ウサギノネドコカフェ（USAGI NO NEDOKO CAFE）」。他們的蔬果沙拉午餐，色澤鮮豔、漂亮且美味。走去距離旅宿不算太遠的四条大宮車站旁立食居酒屋「庶民」，點壺300日圓溫酒配上500日圓厚切生魚片。「庶民」很庶民，價位便宜得讓人難以置信，擠身在窄小空間肩碰肩的酒客們，更是不分階層開懷暢飲，在此用餐得以窺看不同印象的京都一面。住宿先進意念Guesthouse，微醺在市井風情居酒屋，這樣落差也讓人陷入自我滿足微醺中。隔日往二条城方位散步，去到彷如秘密基地隱藏在植物蔓生斑駁倉庫內的咖啡屋「CLAMP COFFEE SARASA」，享受早晨八點開始供應以現沖自家烘焙咖啡配上吐司、優格的早餐，之後帶著被京都豐富的身心繼續出發。

那趟日本縱貫大旅行尾聲再次繞路京都，理由是住宿憧憬的京町家旅宿「月屋」，那日有著歐風雕花睡床，大正浪漫風情的「三日月」房型有空室。住宿隔日清晨在屋內享用女將自慢和風早餐之前，在依然帶著寒氣的空氣中，散步到一旁西本願寺，為凝望新綠季節中，莊嚴大寺境內的壯麗新綠銀杏丰姿。

如此，共感著京都可淺嘗也可沉溺的貼近方式，同時更確認了以旅宿為中心，所謂「一宿一帶路」「一宿一旅」的漫遊小旅步調。

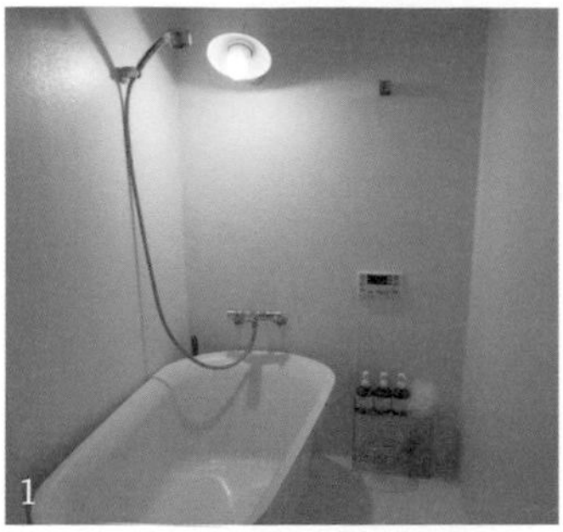

1.KYOTO ART HOSTEL kumagusuku　2.panscape　3. ウサギノネドコカフェ（USAGI NO NEDOKO CAFE）
4. 庶民　5. CLAMP COFFEE SARASA　6. 月屋

〃二〇一六年一月京都新旅感〃

二〇一六年一月冬日小旅京都，期間住宿在以老旅館全面翻新改裝的「ピースホステル三条（PIECE HOSTEL SANJO）」，PIECE三条是繼京都站八条口「ピースホステル京都（PIECE HOSTEL KYOTO）」後的2號店，以個室房數、空間設計來看，可將其定位為「精品旅店未滿、商務旅店以上」的Hostel，堪稱京都機能性設計風簡易住宿設施浪潮先驅。

京都住宿選項推陳出新，消費領域也持續出現讓人驚豔的新店家型態，提供「京都新旅感」多樣好奇題材。

位在三条高瀬川畔，隱身於半開放地下一樓，有間店名是「名前も看板もないラーメン屋（沒有店名、看板的拉麵店）」的拉麵店。不是噱頭，真是沒有「店名」跟「看板」。根據線索搜尋前去時不免迷惑，好在發揮好吃鬼直覺，憑著微弱飄散的高湯香氣來到麵店前。在如同樹林一角的設計風用餐空間，享用以北歐哥本哈根精緻湯碗端出，放入碳烤京野菜白蔥、番茄、雞肉丸子的雞湯頭淡麗拉麵「淡麗らーめん」。

同樣面向流水川畔的京都情緒新據點，是坐落在祇園白川櫻花步道、老鋪旅館「白梅」旁的「pass THE baton 京都」。原建築是一百二十多年歷史的町家，「pass THE baton 京都」是來自東京，販售古董、二手小物的選物店。據說原屋主是以提案招標方式，決定放手讓最符合老屋靈魂的商家進駐。Milly坐在面向白川的附設用餐休憩空間「お茶と酒 たすき」，喝著以手作陶器托盤和古董玻璃杯端出的人氣日本酒「獺祭」，一時間也自以為的時尚起來了。

此外，雖然數年前趨勢已逐漸形成，京都近年不同形式的微醺淺酌空間，更是倍數增加中。期間體驗了多間各具特色的京都酒場、日本酒BAR，其中最喜愛的是鄰近「錦市場」的角打ち「益や酒店」。（角打ち：在販售酒品店內以立飲形式品酒用餐）。女店主益田藍原是從事店頭設計、施工的工作，「益や酒店」在她的規劃下呈現出明快又自在的摩登氛圍，將日本酒於牆上勾掛同時添上日文、英文標明風味、產地的設計，

1

1

2

2

3

3

4

4

5

5

6

6

1. ピースホステル三条（PIECE HOSTEL KYOTO） 2. 名前も看板もないラーメン屋（沒有店名看板的拉麵店）3.pass THE baton 京都 4. 益や酒店 5.%Arabica Kyoto Arashiyama（嵐山） 6. 京都モダンテラス（KYOTO MODERN TERRACE

更是讓初次體驗的人也能簡單投入。繼「益や酒店」後，二〇一七年底又在烏丸蛸薬師開了空間更寬敞的分店「益や」。

如此，逐步從觀光京都進入了品味京都、體驗京都階段，即便是意在品賞京都古刹幽情，京都小旅路徑上也總會依著好奇方位，放入京都新視野、新據點。像是在晨曦參透的寂靜嵐山漫步途中，於面向度月橋畔潺潺水流的精品咖啡店「%Arabica Kyoto Arashiyama（嵐山）」，喝一杯以最先端咖啡機萃取，展現國際專業技術拉花的芳醇拿鐵。去到染上細膩光線的風華殿宇「平安神宮」，呼吸著清透空氣舒展雙臂，慶幸著京都寧靜美好能於清晨中存留。之後去到一旁演藝文化交流場館「ロームシアター京都（舊京都會館）」，選擇在經由建築大師前川國男以「日本之美」為主題設計規劃，於一月中改裝開幕的「京都岡崎　蔦屋書店」內兼具古雅、時尚的餐廳「京都モダンテラス（KYOTO MODERN TERRACE）」，享用相對幽靜於八點開始供應，有著講究碳燒烤魚、京都產越光米飯、京野菜味噌湯、京醃菜的「朝御膳」。

更驚訝的是於平安神宮境內，二〇一七年十二月二十日居然出現了一個包含喝酒的「神宮酒場」、炸串「錦元蔵」、生麩專賣店「京生麩のお店 愛麩」、餃子館「餃子さんかく」等接近三十多間飲食店、名產店的複合設施「時代祭館 十二十二（トニトニ）」。

可以預知京都新旅感的未來發展和值得期待的創新能量。京都讓人迷戀的京町家再生，不再單單拘泥於緬懷過去，而是更大膽的、更揮發自如的賦予老屋全新生命。

愈來愈多的京町家再生的精采「變化球」，讓古都巡禮多了樂趣和好奇。

〃二〇一六年十一月不悠閒京都秋日賞楓小旅〃

多年來總是高姿態張揚「絕不去人潮煩囂，賞楓旺季加價下旅費暴增的京都」。

可是，在楓葉燦爛人潮湧入京都的二〇一六年十一月底，Milly 終究抵不過誘惑，獨自一人遊走京都人氣賞楓名所。

會這樣不惜牴觸「避開旺季」信念，是幸運的在旺季出發前不到兩星期，還能透過網路預約了7,000台幣有找的大阪往返機票。興沖沖預約了機位卻不敢貿然開票，因在賞楓旺季京都根本是一房難求，即使有房間也必須付出高於平日兩~三倍的房費。何況是在十一月當月出發前才尋找住宿，理所當然更是難上加難。在京都遍尋合理合宜住宿碰壁轉往鄰近大阪搜尋時，雀喜發現位在大阪京阪電車路線上的「枚方市站」旁，有間由號稱世界最美書店「蔦屋書店」規劃，於十一月一日剛開張的 Hostel「GOEN LOUNGE & STAY」，可以開幕優惠一晚2,800日圓入宿衛浴獨立的女子合宿房。跟 GOEN 緊貼的蔦屋書店「枚方 T-SITE」，佔據三個樓層大型蔦屋書店從上午七點開至晚間十一點，還有大阪紅酒釀造所經營的餐廳「フジマル食堂」等多種用餐選擇。旺季中的便宜機票、無加價的優惠住宿，種種顛覆旺季邏輯的有利條件浮現，讓定名為「不悠閒之京都秋日賞楓」小旅確立成行。

不悠閒在於必須搭乘電車從大阪往返京都，也因預期日後或許不會輕易嘗試旺季賞楓，就乾脆徹底踏遍曾因人潮卻步的憧憬賞楓據點。只是即便是不悠閒賞楓路徑，還是期望能盡可能的悠閒品味京都秋色。

為能相對悠閒賞楓，對策之一是早起。Milly 是農夫體質早起毫無困難，旅途上有美味早餐提振就更有動力。東福寺眺望楓紅通天橋於八點半開始售票，推算路程決定先在「枚方 T-SITE」一樓七點開店，採用地方食材以 Local Farm to Table 為主旨的麵包屋「The Grounds Baker」，享用出爐美味麵包配上咖啡的精緻早餐。之後利用於關西機場購入的優惠海外遊客1,000日圓「京阪電車一日券」，搭乘班次頻繁無料特急列車，經由京阪七条站轉往京阪東福寺站。如此來到「東福寺」約是八點十多分，即便通天橋票口前已排數百人，在增設窗口的對應下依然順暢於八點半購票進入。東福寺紅葉果然耀眼華麗，尤其是通天橋迴廊前方呈現橘、紅、黃的多彩楓葉景致更是驚豔。若是觀光客少些必更是絕景，但形勢所趨也不能過分奢求。離開時看見源源不斷湧入人潮，不由得慶幸好在能一早來到。

離開東福寺後步伐頓時放緩許多，下個目標是Milly私自偏愛的京都御苑秋色。京都御苑秋色以幾株壯麗銀杏著稱，清幽廣大腹地林木間不乏姿態優雅豔紅楓葉，輝映著京都御苑氣勢建築更顯風韻。在預計沿著鴨川畔前去搭乘京阪電車時，遭遇了這次秋日之旅最回味風景。鴨川畔柔和陽光下落葉、大樹交織出一面金黃，樹下老人彈奏的三線琴音悠揚，眼前一切讓心思療癒久久不願離去，名所楓紅雖好但或許此情此景才是京都人珍藏的秋日素顏。當日還探訪了不負期望，壯麗展現英姿的西本願寺四百年大銀杏、佛光寺院內「D&D&DEPARTMENT」咖啡屋前大銀杏，以及夜晚讓人真實見識京都賞楓人潮威力的「清水寺」。

隔日京都賞楓行程改以「咖啡店」與「賞楓名所」交叉進行，一早來到帶著涼意的嵐山，不急著賞楓目標鄰近渡月橋面向桂川，八點開店外帶為主的咖啡店「%Arabica Kyoto Arashiyama（嵐山）」。買杯專業級熱拿鐵配上數量限定、不計成本，採用自家烘焙法國麵包、義大利帕瑪森火腿、法國布利乾酪起司的600日圓三明治。沿著桂川走向嵐峽方位步道隱密處，邊吃邊鑑賞晨光下嵐山夢幻紅葉風景。怎知早有兩位女子各自佔據楓樹下石椅，跟Milly心意相同喝著外帶或是放在熱水瓶的咖啡，悠然面向眼前在光線中迷濛華美秋色。彼此沒有對話甚至沒有眼神相對，但彼此釋放出的無聲幸福訊息卻交互著。

之後選擇偏離觀光路徑的山路穿越暫且人潮還不多的竹林，再從北口進入庭園、川流、古寺與紅葉呼應的天龍寺，在此盡情拍下禪意苔蘚與紅楓落葉共演，意外動人的飄零之美。接近中午時分快快離開人潮湧現的嵐

1.GOEN LOUNGE & STAY　2. フジマル食堂　3.The Grounds Baker　4. 東福寺
5.%Arabica Kyoto Arashiyama（嵐山）6.Kaikado Café（開化堂カフェ） 7. 市川屋珈琲

山，搭乘巴士轉往仁和寺，在大殿前遭遇了無一絲猶豫的純正豔紅楓葉。來到正處於每月二十五日天神日市集的北野天滿宮時，則在喧囂人群中，依然得以用鏡頭尋覓到意念下的寂靜秋色。而在前往下鴨神社秋意「糺の森」散步前，先去到位在七条橋附近的「Kaikado Café（開化堂カフェ）」喝杯咖啡小歇。

由京都百年手作銅製茶筒老鋪「開化堂」主導，結集了金網細工「金網つじ」、木工藝「中川木工芸」、茶陶「朝日焼」、西陣織「細尾」、竹工藝「公長齋小菅」等六間老鋪繼承家業的新世代小老闆，成立志在引領傳統工藝新實用美學主義，命名為「TO GO」的組織團隊。「TO GO」的第一個企劃，即是將市電車庫改裝的「Kaikado Café」。在咖啡屋典雅時尚空間內，享用以「金網つじ」設計咖啡器具沖泡、由「朝日焼」特注咖啡杯端出，採用「中川ワニ珈琲」咖啡豆的芳醇咖啡。仔細看看牆上燈罩、桌上糖罐，也都是開化堂特色銅製品。

第三天賞楓日在奈良清新早餐、午餐後，再次前往京都列入賞楓名所的熱門景點金戒光明寺、永觀堂、南禪寺，奮力在絡繹不絕的人潮中留存些許楓紅殘影。返回大阪前則在意圖修補京都寧靜印象的心境下，探訪位在清水寺下方老街角落，二〇一五年十一月開店的「市川屋珈琲」。

「市川屋珈琲」的自家烘焙咖啡豆，取名為「市川屋」「青磁」「馬町」，是承接這裡原為祖父兩百年歷史的陶藝工房背景與所在位置。咖啡屋外觀完整保留了京町家特色，進入室內在咖啡豆烘焙機旁，是存留下來的水井，從櫃檯則可看見優雅坪庭。店主在老鋪喫茶店「イノダコーヒ（INODA COFFEE）」工作多年後獨立，咖啡好喝不在話下，同樣人氣的是隨季節更替的水果三明治。

楓紅帶來的人潮，是給京都加分還是減分？隨人各自表白。

記憶、圖檔中的京都秋色風景，沒有喧囂的人聲、人影，只有千年古都依然孤高的從容風範。

〃二〇一七年九月擷取片段京都〃

人在東京該走的預定行程已結束，手上有張只剩一日期限的JR PASS（日本鐵路周遊券），猶豫該去哪遊晃小旅時，忽然動念～何不嘗試從東京當日往返京都。引發的是幾間上回前去後才出現的風味店家，以及展期到十月底（後因好評展期延至二〇一八年二月下旬），位在祇園新設現代美術館內，以《草間彌生 My Soul Forever》為題的異色展覽。

從東京搭乘最早出發六點二十三分的「ひかり」新幹線，於九點二十分前抵達京都。三小時車程不算短，好在於東京站買的美味富山海鮮便當與窗外藍天下富士山風景助長了興致。上午十點後來到位在祇園甲部歌舞練場內，將一九一三年興建已被列入有形文化財「八坂倶楽部」改建，二〇一七年六月開幕的「フォーエバー現代美術館（Forever Museum of Contemporary Art. Gion-Kyoto、縮寫FMOCA）」。

入口處即可見到巨大草間彌生代表作品〈南瓜〉坐鎮，進入美術館必須先脫鞋，因這是間現代藝術作品與古都建築融合一體的嶄新型態美術館。光著腳踏在塌塌米上、走過陽光灑入簷廊、看去風雅日本庭園，以此氛圍來瀏覽草間彌生強烈色澤的作品，是頗衝擊的鑑賞體驗。據說為了順應美術館塌塌米特色，作品也將位置降低，讓觀客坐在塌塌米上也有舒適視野。

FMOCA另一個創新的嘗試是，部分作品允許拍照，關鍵是不能用相機而是限制以手機拍照，非常符合時代脈動。在視覺掛帥的年代裡，誰能掌握鏡頭方位，就能獲得致勝先機。美術鑑賞後在由大阪人氣咖啡屋「NORTHSHORE」企劃，美術館附設KYOTO GION MUSEUM CAFE內，享用以草間大師特有紅白圓點印象，視覺搶眼誇浮的和風樣式甜品。

平日上午美術館人潮不多，美術館外花見小路則異常熱鬧。原來當日瑞士高級手錶HUBLOT正封起半條石板道路，舉行町家改造店內設有茶室、西陣織沙發的祇園分店開幕活動。相對於花見小路上的喧囂，坐落在祇園甲部歌舞練場斜對角，建築同樣是傳統祇園風貌，掛上印有「Leica」厚實深藍暖帘，號稱世界最美萊卡店鋪的京都分店顯得格外穩重。好奇掀開暖帘進入店內，喧囂頓時消減，屋內屋外彷如兩個世界。來到二樓保留町家欅木工匠美學的藝廊空間，獨自沉浸在只能用奢侈形容的片刻清涼寧靜。有鑑於Leica品牌架勢與建築本身散發的氣質門檻，觀光客通常不敢輕易踏入。其實只要遵守一定禮貌，即使不購買Leica商品，只是靜靜觀看店內寫真作品展示，以及日本與德國職人精神共演的細膩空間，不失為一種品味京都的捷徑。

之後刻意避開大馬路，憑著記憶穿梭在巷道間，原預計或可跨越鴨川到河原町那頭吃午餐。在通過鴨川團栗橋上時，卻被午時烈日下面向鴨川的川床清新風景給奪去目光，即刻不多想就繞路探個究竟。

靠近橋邊的是義大利餐廳「SCORPIONE 吉右」，只是那日蕎麥餅午餐不怎能引起食慾。這失落不過持續了三秒鐘，因很快察覺原來透過網路注意多時的「イカリヤ食堂」就在一旁，不單如此還正於九月的川床午餐（kawayuka lunch）期間限定中。就這樣在重疊著南法氣氛的傳統川床上，享用了鴨川畔微風吹拂，以冰涼漂亮 Sangria（西班牙水果酒）佐餐的美味套餐。這預期外的幸福時光其實來得幸運，回家後查看資料才知，期間限定午餐時段幾已預約滿座，Milly 恰巧於十一點五十左右來到詢問，恰巧有張桌位預約時間是十二點五十分，於是經理才通融出額外用餐時間。

視覺空間衝擊的京都新美術館、寧靜典雅的德國相機老舖、好風情鴨川畔美味午餐，已讓從東京遠赴而來的京都小旅充分滿足，甚至認為再有美好邂逅就是附贈，若是偶而不如預期就隨他去吧！

基於還要搭乘新幹線返回東京的時間限制，移動範圍大致就集中在清水寺、河原町、祇園周邊，多虧長年在京都迷路找路磨練，得以大致掌握方位，偶而走路移動偶而搭乘巴士，算是順暢的連結想去地點。

去了精品百貨公司「BAL」內的「丸善書店」，吃了重現梶井基次郎小說《檸檬》的限定檸檬冰品。去了白

1. フォーエバー現代美術館（FMOGA）　2.Leica　3. イカリヤ食堂　4.BAL　5. 寿ビルディング（壽大樓）

川畔的「古町商店街」，窺看近日京都旅遊專題經常出現，將棉花糖元素放入京風茶飲的咖啡屋「JEREMY & JEMIMAH」。

其中最讓Milly忍不住稱頌京都果然不能小覷的是，位在百貨公司林立鬧區河原町站不遠，將原址銀行歐風水泥老建築改裝，堪稱是京都女子力最高據點的懷舊風時尚據點「寿ビルディング（壽大樓）」。濃縮著京都昔日歐風殘影的大樓內，除皆川明的服飾店「minä perhonen」、兒童服飾「minä perhonen piece」、世界繪本書店、展品藝廊外，還有糸井重里主宰的網路平台「ほぼ日刊イトイ新聞」京都實體店「TOBICHI京都」。光是逛這些店鋪已經愉悅非常，建築本身更不論是旋梯、壁燈、接待間、窗檯，都美麗浪漫彷如懷舊電影一幕。

最後，像要拉扯Milly回到現實京都的場景，是清水寺下町家建築星巴克分店內外的紛亂吵雜。讓人不禁困惑思索，如旅客對於京都印象僅止於清水寺二年坂星巴克打卡、祇園抹茶聖代、哲學之道自拍、京都巴士擁擠，單單滿足於和服變身體驗、嵐山小火車搭乘～是不是太辜負京都千年豐饒。

可喜的是，一些微小聚合因而強大的勢力，正努力維繫著京都追求創新卻又矜持內在的本質。這能量默默的潛藏在京都角落，是他日再次踏入京都時探索的興致，愉悅泰然的去擷取偏愛京都片段。

〃京都一宿一旅〃

二〇一七年十一月二十七日～十二月四日期間，久違的滯留京都一週間。

在見證京都進化中的旅宿樣式之餘，也愉悅於幾乎定型可相對熟練操作，以旅宿為中心品味京都不同區域的一宿一旅模式。

在溫故知新的前提下。

先回到二〇一三年《三回目的京都》中的新綠假期，之後再以「京都車站」「河原町、五条、七条」「河原町、三条、四条」「西陣、二条城」「寺町通、京都御苑」「祇園、八阪神社」等為範疇，分享二〇一三年～二〇一七年間從住宿房間出發的區域小旅。

Part 1

新綠京都假期

在一次炎夏旅行的嵐山旅館住宿中，問到京都長大的工作人員，一年中京都最美的季節是什麼時候，她沒多考慮脫口而出的答案是：「新綠」！
不是印象中大家迷戀的京都櫻花、紅葉，而是新綠。聽到答案的一瞬，腦裡立刻浮現了一片嫩綠風景，一陣舒適涼風也彷彿吹了過來。是的！怎麼會忘了這一年中最清新的季節，更何況是在最典雅的京都。從此「新綠京都是值得期待的憧憬」就烙印在 Milly 的意念中，兩年後這執念得以消解，因為二〇一三年的初夏 Milly 在京都散步著。

新綠京都的獨有魅力

五月六月是探訪京都適切的季節。

四月賞櫻季節和五月黃金週結束後，除了一年一度大盛事的葵祭外，京都的觀光人潮像是按了一個削去鍵一樣，消失在京都寺廟神社、町家巷弄中，於是可用相對和緩的步調品味千年古都沉穩靜謐的一面。

原本不排隊進不去的老鋪甘味屋，也可以掀了暖帘就飄然入內，還可以任意選擇窗邊座位，悠然眺望那綠意的庭院。

二月的京都的確也是閑靜，可是冬日京都的醍醐味是讓人沉澱心情的蕭瑟、侘寂，新綠則多了雀躍的情緒，周遭是充滿生氣的嫩葉，興致自然也容易高揚著。

在京都的新綠中，該去些什麼地方呢？說實話沒認真想過。

畢竟光是能在新綠季節中漫步京都，已經是滿足的。自然以自然呈現最好，在自然中旅行自然就好。

論計畫最多就是排入了「東福寺」和「貴船神社」，東福寺期望能擁有楓紅旺季不可能獲取的安靜風景，貴船神社則是幻想著紅燈籠和嫩綠競演的絕美。

只是原來玩賞新綠京都還是有方向的，就是循著「紅葉名所」的路徑，楓紅景色大而美的地方就會是新綠漫步的好地方。

京都觀光單位更將「新綠＋古寺」的巡禮，定名為「京の新綠 青もみじ」（京都新綠、嫩綠楓葉），二〇一三年的「そうだ京都行こう！」初夏海報，正是新綠中神護寺的地藏院。其他推薦的新綠名所還有宝厳院、三千院、詩仙堂、宝泉院、貴船神社、祇王寺、無鄰菴等等。

可是以為所謂京都新綠，不該是一個範圍而是一個季節的整體氛圍。

有植物有大樹就有新鮮綠意，於是隨興就好，為了新綠行程排得喘不過氣來，不就可惜了新綠留給旅人的悠然美意。

〃微風捎動東福寺綠意〃

一大早從京都車站搭乘往奈良方向的火車前去東福寺，車程不過是三分鐘，車票是140日圓。（也可在京都車站搭乘208號巴士、四条河原町搭乘207號公車，在「東福寺」站牌下車。）

出了東福寺車站也不用多想，跟著像是旅人的腳步前進就好。走到東福寺大約要十多分鐘。好在除了站前街道有些混亂狹小，一旦進入廣域的東福寺區塊就可以腳步和緩起來，邊瀏覽著一旁的大小寺廟慢慢走去。

Milly就是誤打誤撞的跟著拿著地圖的中年夫婦，先是穿過九条通高架路下方道路後，接著以捷徑右轉進入廣域的東福寺境內。不走小路則可以選擇直走本町通上，從「北門」「中門」「南門」進去。

到達東福寺前沿路已經有大大小小古雅寺廟，幾位騎著自行車的年輕人，就這樣一個寺廟一個寺廟的進

東福寺

去，將自行車停在寺廟外。

通過有著屋頂的「臥雲橋」木橋後，迎面的盎然綠意讓人更加期待東福寺春光下的新綠。從「日下門」進入東福寺境內後，當日就以兩個多小時的充裕時間，慢慢享受著東福寺如預期或是該說比預期更美好的新綠招待。

以400日圓的通天橋、開山堂拜観料（參觀費）進入，通過架在洗玉澗溪谷上的廊橋「通天橋」，用手觸摸木橋厚實的木柱，體感著這八百多年歷史古寺的過去。站在通天橋正中央突出的平台迎著陣陣微風，放眼看去那一面的宜人綠意。

東福寺華麗楓紅的確讓人憧憬，可是在五月中旬遊客稀疏的東福寺，能這樣悠然的站在通天橋上，不用搶時間拍照不用閃開人潮真是太幸福。

舒緩時刻還有前往「方丈八相庭園」時，從方丈通天台看去通天橋的景致。（方丈八相庭園拜観料400日圓）

眼前風景實在太美，忍不住在方丈通天台坐下，靠

在有著樹蔭的欄柱角落，充分的享用那時空的寧靜。類似的寧靜在面對「方丈庭園」迴廊靜坐下來時，同樣滿滿感受。

方丈庭園分為東、西、南、北四庭，表現出釋迦牟尼的八相成道：蓬萊、方丈、瀛州、八海、壺梁、五山、井田市松、北斗七星，因此也稱為「八相庭園」。

在每一個庭園前坐下，都有如一個不同的小宇宙在眼前呈現。

東福寺有著禪宗建築和日本傳統庭院菁華可以品賞，是擁有豐富歷史資產的國寶級大寺，新綠中則光是能這樣在宏偉大寺中，享有難得的寧靜已經是值得。

〃上下在春日的永觀堂〃

同樣的幸福感受在「永觀堂」漫步時，也同樣體驗著。

永觀堂又稱禪林寺，原本是平安時代文人藤原關雄的別墅，後來被清和天皇賜予「禪林寺」稱號，在永

永觀堂

觀入主後改稱永觀堂。

前往永觀堂最簡單的路徑是從京都車站搭乘5號巴士，在「南禪寺永観堂道」下車，從站牌走到永觀堂約五分鐘，或是安排在從銀閣寺、哲學之道往南禪寺的觀光順路上也不錯。永觀堂位在觀光客眾多的「哲學之道」和「南禪寺」中間，以前都是擦身而過。這回為了想去看看極具藝術價值，位在最深處阿彌陀堂的八十公分「回首阿彌陀」，首次進入了永觀堂，可是最終讓Milly流連忘返的還是那廣闊院內，一面新綠中的一隅寧靜。

永觀堂坐落於形勢高低不等的山丘上，成就禪林寺獨特建築風格。光著腳走在連結釋迦堂、開山堂、御影堂間，稱為「臥龍廊」的迴廊上，欣賞著每一個轉彎下從迴廊看去的不同綠意景致。在離開之前則只想一直一直坐在有著「悲田梅」「三鈷松」的清涼新綠庭園前，任微風拂面讓身體在完全的靜謐中放鬆。（永觀堂拝観料400日圓）

前往貴船的叡山電鐵途中下車

在春色怡人的日子，以叡山電鐵（簡稱叡電）途中下車散步，主要目的地是新綠中的貴船神社。一年多前寒冬以同一方位往鞍馬山，為了看白色瑞雪＋鞍馬山大紅獻燈的對比景致，這回則是為了新綠＋貴船神社大紅獻燈的對比絕色。

從叡山電鐵出柳町站出發，先在「一乘寺」站下車，出了車站立刻看見京都文化情報指標書店「惠文社」的廣告看板。

在惠文社總是忍不住流連在每個書架之間，窺看著每一個角落的表情。讓書店舒適自在人文氣息充分滲入身體後，就轉往習慣跟惠文社配套品賞的咖啡屋「つばめ」享用午餐。

つばめ

在店內坐下的瞬間，以往記憶就跟眼前景象重疊。開放廚房內兩個女子熟練烹飪料理的姿態、等候定食上桌時傳來一陣陣的美味香氣，和端上和風定食洋溢著溫暖家庭料理的模樣。

適度大小的空間、適度價位的定食、適度距離的店主態度、適度堅持食材的中等以上料理滋味、店內適度放置的つばめ雜貨，都是恰恰好的不至過於張揚。這所有的適度或許就是這咖啡定食屋，讓人可以全然自在的理由之一。

有人說つばめ有著以北歐為背景電影《海鷗食堂》的風味，Milly則以為這裡有著每一個女子心目中理想廚房的形式。つばめ於二〇一六年搬至新址，更靠近一乘寺站。

つばめ
京都府京都市左京区一乗寺払殿町 50-1
11:30～20:30，週一公休

葡萄ハウス 家具工房2號店

離開つばめ在搭乘叡山電鐵前往貴船神社之前，依然要先繞去曼殊院路徑上的「葡萄ハウス 家具工房2號店（葡萄屋家具工房2號店）」，因為或許會有一個曾經埋藏在歐洲鄉間泥土中的小瓶子，正等待著跟自己的邂逅展開新的生命。葡萄ハウス 家具工房主體營業是販售北歐為主、來自世界的二手家具，但店內的東洋西洋古董小物，意外的很多都標示著實惠的價錢，不用太掙扎只要直覺喜歡就可以買入。

繼續搭乘叡山電鐵直奔貴船神社，在「貴船口」下車。沒有刻意查看時刻表，不過倒是機率很大可以搭乘到有寬大展望窗的「きらら」列車，無論如何都想搭乘到展望列車的話，站內時刻表都有標示，班次也算密集。

因為是途中下車的行程，買一張不用太計較車費的一日券最簡單，叡電從出柳町發售的叡電一日券是1,000日圓，範圍是貴船、鞍馬和比叡山。

無限次數搭乘的一日券絕對划算，畢竟單單往返一

次貴船、鞍馬都要820日圓。不過實際上Milly當時用的是更廣域的「スルッとKANSAI（KANSAI THRU PASS）」關西地區5,000日圓三日券，可自由乘坐開往京都、大阪、神戶、比叡山、姬路，和歌山、奈良、高野山的電車、地下鐵和公車。而且是一個月內任選三天，不需要連續使用。（スルッとKANSAI已於二〇一七年三月底終止發行）

從一乘寺到貴船口車程約二十二分鐘，初夏的叡電沿線窗外風景非常宜人，在接近貴船口時，更不時瞥見杉木上滿開著淡紫色花叢的藤蔓植物。

貴船口站前有京都巴士可以直達貴船神社，只是巴士發車時刻還要等個十多分鐘，而且眼見大部分下了電車的日本人都毫不遲疑的，沿著兩側大杉木林的公路邁進，就想還是入境隨俗（成語有些用錯地方？）跟著走吧。

〃絕色綠紅貴船〃

從貴船口走到貴船神社大約要二十五～三十分鐘（畢竟有兩公里），沿途沒有規劃好走的人行道，行人要不時留意車輛又是小小坡度的道路。本來不是一條很推薦步行的路徑，可是初夏季節一旁是參天大樹蔭涼，一旁是潺潺溪水、新綠風景，溪邊還開滿一叢叢像是展翅飛舞白蝴蝶的花朵，視野是清涼的，步行起來就不那麼無趣。

來到貴船神社前先看見的是準備迎接旺季的川床餐廳，川床是貴船夏日風物詩之一，置身其間可感受比京都市區低上五至十度的涼爽。

只是無論川床風景再好清涼多吸引人，一個人要去吃那未必美味又略嫌觀光收費的川床料理還是有些遲疑。

要是可以吃到流水素麵倒是可以考慮（笑），不過這些都是Milly一個人自以為是的自言自語，夏季川床旺季根本是一位難求，要吃流水素麵還要耐心排隊

才能實現。在悠然的旺季前夕，就還是用鏡頭捕捉川床清涼意境，專心去享受貴船神社讓人療癒的新綠氣息就好。

真的是一踏入貴船神社境內，一走上那兩側有著大紅獻燈的石階，已經如被眼前茂密鮮嫩綠意給吸入一樣。怎麼可以這樣美好呢！尤其是千年百年大樹新生綠葉在陽光的照射下，竟顯出空靈的輕柔朦朧感。這樣的新綠風景不論添上大紅獻燈、古色露台、沉靜寺廟，都是一幅讓人陶醉的美景。

在放緩心情享用眼前美好的同時，Milly 也私自下了結論：「貴船神社在新綠中最美」，下回要更早前來讓晨霧將周遭更幻境，顯出更惹人沉溺的美麗。

嵐山初夏輕旅行

會開始對新綠中的京都執著，源頭怎麼說都是嵐山。因此初夏的京都旅行，就小耆華安排三天兩夜住宿「星のや京都」的嵐山假期。

這趟嵐山新綠假期分為三大部分，一是新綠風景中的嵐山散步、一是充分沉浸在「星のや京都」旅宿的緩慢情緒中、再來就是體驗著住宿嵐山，白日乘著渡船出發暮色中回到嵐山旅宿的節奏。

前面分享的「貴船神社＋叡山電鐵」途中下車小旅行，正是從嵐山新綠假期的第二日延伸出去的。

當日在「星のや京都」吃了面向川面的露天茶屋香檳早餐後，就搭乘旅館專用渡船來到小渡月橋碼頭，之後走到京福電車站搭上嵐山電車，利用北野線於「御室仁和寺」站下車。

註：京福電車在嵐山發車的有「嵐山線」和「北野線」，兩條線路又被暱稱為嵐山電車（簡稱為嵐電），因此有時會讓人誤解，以為京福電車和嵐山電車是兩條不同的路線。

〃納涼仁和寺〃

以為沒有比搭乘嵐電前往仁和寺更古典的路徑，光是從模仿社殿建築、掛上「御室驛」字樣的車站走出已經是氣氛十足。

從御室仁和寺站一路直走到仁和寺不過是一分鐘的路程，御室仁和寺站跟仁和寺的「二王門」根本就是正面相對的。

天氣開始炎熱起來不敢也不願在戶外多逗留，連忙在二王門旁的票口，買了500日圓的拜観券進入「御殿」納涼去。

御殿內的國寶級「黑書院」「白書院」自然有一看的價值，南庭、北庭更是展現了皇家氣勢。只是初夏時節來到御殿，最大的愉悅還是脫下鞋子光著腳，在

觀光人潮還沒進入的迴廊上走著，然後放眼看去以古典建築襯托下的清涼綠意。

京都夏日生活的精華是涼爽意境的演出，是一種其他地方無法模仿的至高藝術。

以視覺的涼意浸透入身體中，是一種心境上的避暑。

之後搭乘巴士輾轉來到出柳町站，接駁上叡山電鐵開始前述目的地是貴船神社的途中下車小旅行。

小旅行結束後回程在「大宮」上車，利用阪急電車返回嵐山。

到達嵐山站時已經是午後六點多，月台瀰漫著迷濛的昏黃光線。下車後回頭一看那原本古典色澤的電車，在月台宮殿燈籠的燈火輝映下，浪漫又更增一層。

而這一刻最美好的心情還是，往時這樣的畫面總帶著些落寞，因為多是要搭車離開嵐山時分。這回不同不是離去而是「回來」，從小旅行中回到嵐山住宿，於是沒了落寂而是摻雜著雀躍的溫馨感，是回家不是離開。

暮色中的嵐山

走出車站沿著桂川畔漫步走向渡月橋，眼前又是一個好風景。是抽離了白日喧囂的嵐山在迎向黑夜的迷離夢幻中美麗著。

可以這樣悠閒自在的從嵐山出發去小旅行，還是因為第一天到達嵐山時，已經充分滿足了新綠嵐山中的遊晃，不如在此就回頭從到達嵐山的第一日行程說起。

嵐山緩慢散步路徑

去嵐山，搭乘巴士、電車、選擇ＪＲ或是嵐山電車、阪急電車都很便利。

重點還是取決於自己旅行的動線，然後盡可能避開塞車的狀況就好。

從京都出發Milly除了多年前利用巴士前往外，大多是利用ＪＲ到達嵐山車站，之後再慢慢往渡月橋方面走去，的確比較耗時間，但沿途店家和咖啡屋不少倒也不以為苦。

若時間不充裕又希望能多體驗嵐山觀光特色，則建議在ＪＲ嵯峨嵐山下車後，就直接搭乘一旁的嵯峨野觀光小火車「嵯峨野トロッコ（Torokko）列車」，前去龜岡搭上保津川遊船，一路順著水路來到渡月橋，再繼續路上的小旅行。

Milly前一天晚上住宿在跟京都車站八条口直通的

嵯峨野湯

「HOTEL近鉄京都駅」，自然就選擇搭乘ＪＲ山陰本線，花個十六分鐘前往ＪＲ嵯峨嵐山。若住宿在河原町附近的HOTEL，就會選擇以阪急電車前往嵐山。出了ＪＲ嵯峨嵐山站不急著走去渡月橋，先去距離ＪＲ嵯峨嵐山車站不過兩分鐘步行距離的咖啡屋「嵯峨野湯」，吃吃甜點後再出發。

〃從錢湯化身為茶湯的 嵯峨野湯 SAGANO-YU〃

光是看店名「嵯峨野湯」會以為這是公眾大澡堂，實際上咖啡屋原址在二〇〇五年三月為止的確還是以錢湯在營業。二〇〇六年八月錢湯變身為「茶湯」，大正風味的錢湯經過了精采大改造，保留了導入光線的挑高屋頂、天窗和澡堂特色的磁磚、花灑、水槽和磅秤，加入白色的無機質設計風，轉身成為明亮摩登咖啡屋。

一進入立刻被空間的明亮和寬廣吸引，於是選了屋頂下陽光最透的位置坐下。

點了冰抹茶拿鐵配上抹茶鬆餅，烤得香味撲鼻的厚實鬆餅以木板端出，鬆餅上是顆粒紅豆泥和鮮奶油，濃郁的抹茶醬放在一旁以自己的喜好來加上。抹茶MIX紅豆的甜品是Milly的大愛之一，以為沒有比這更和諧的和風滋味。

不過可不是有抹茶有紅豆就好，抹茶、紅豆的品質稍有妥協，就失去了那深度的風味，以這點評斷嵯峨野湯的抹茶紅豆點心是可以得到高分的。

看似基本款的鬆餅＋抹茶有著嵯峨野湯的講究，鬆餅是在一次次改良後以豆乳＋豆渣製成，此外不論是抹茶拿鐵或是抹茶醬的抹茶，都是咖啡屋跟宇治茶園特別訂製的嵯峨野湯獨家口味，對喜歡抹茶的人來說，嵯峨野湯的各式抹茶飲品和點心一定可以大大滿足。

嵯峨野湯
京都市右京区嵯峨天龍寺今堀町 4-3
11:00～20:00（19:00L.O.），不定休

「嵯峨野湯」旁有間英國風味的個性二手書店「London Books」，倒不是只有外國書籍，反而是以日文小說、漫畫、雜誌為主，在旅途上買下一本偶然相遇的二手書，帶到旅店翻閱也是樂趣之一。

此外在靠近嵐電平交道旁，有間白色外觀的咖啡屋「カフェ Ruhe」。是以可以聽見電車聲音、可以從刻意壓低的窄窗看見電車為賣點的咖啡屋。為了順應這特色，店內的沙發座和椅子的布料，就選了以電車座椅為印象的青苔色。綠色的座椅、綠色的植物、柔和的光線，是讓人很放鬆如同在森林中散步氣息的小小咖啡屋。

往渡月橋、天龍寺的順線，不是穿過カフェ Ruhe 旁的平交道，而是London Books斜對角有著郵局的道路。道路兩側有不少商店和咖啡屋讓人好奇滯留，其中可以推薦進去看看的是，利用傳統西陣織和友禪染傳統工藝，手工製作「京座布団」（座墊）的老鋪「嵯峨嵐山 Platz（プラッツ）」。

之後一直向前走去，不多久就進入了跟嵐山熱鬧街道的交會點。這時右轉是往清涼寺、正面是天龍寺入口、左轉向前則是渡月橋。

走到渡月橋畔，但先不跨越走到對面而是右轉進入沿著保津川的步道。

在通過了保津川遊覽船碼頭、京料理「吉兆」、料亭旅館「嵐山辨慶」後，前方看去已經沒有什麼可以好奇的建築，大多的遊客都會轉身離開但Milly選擇繼續向前。然後留意路口指示牌，找一個入口進入龜山公園接著朝「大河內山莊」方位走去。

註：桂川、保津川、大堰川很容易讓人混淆，Milly也不想上自己不熟悉的地理課，大概的概念是統稱為桂川，然後中游部分稱為是保津川，下游靠近渡月橋則改稱大堰川。

〃被大河內山莊的清幽療癒〃

比起「天龍寺」「野宮神社」，大河內山莊是較為

大和內山莊

冷門的嵐山觀光點，新綠季節則是大推薦的避暑勝地。大河內山莊距離嵯峨野觀光小火車嵐山站不遠，但遊客大多迷戀一旁的竹林小徑，較不願意多花個1000日圓門票進去六百坪的大河內山莊。

不過真的很難想像這樣規模的庭院居然是私人所有，而且還是昭和時期電影明星大河內傳次郎一個人花了三十年時間完成的。

大河內山莊的建築除了「大乘閣」、低調的「大河內傳次郎資料館」和茶屋「滴水庵」等外，偌大的庭園內沒有過多的人工痕跡，即使建築也都隱約在樹林間不致破壞自然。

大乘閣的前庭回遊路以「保津川」「嵐山」「比叡山」借景做出，位在高台位置上的大河內山莊也可以遠眺「保津川」「嵐山」「比叡山」實際風景。

從種植了赤松、櫻花、楓葉、銀杏回遊式庭園林中石階陰涼小徑緩緩往高台走上，忽然「茶室 月下亭」出現在眼前。

脫下鞋子在月下亭木製平台坐上，望去一面如一幅

大和內山莊

畫框收納的京都市街、比叡山絕景，身心同行被療癒著。觀光導覽書多將大河內山莊歸為賞楓名所，Milly則更建議在人潮不多的初夏前來，進入這被透明新綠包圍著的寧靜自然中。

〃竹林步道幽靜才適切〃

走出大河內山莊迎面的是跟剛才寧靜時空完全不同的熱鬧觀光人潮，讓大家雀躍拍照的自然是一旁的竹林步道。竹林步道真的很好入鏡，步行期間也的確清涼，只是如果能更奢侈的在一大早薄霧中，享用少了人聲喧嘩的幽靜竹林步道，則更是完美。是主觀？總以為竹林跟喧嘩是不搭配的。

若說正規的觀光路徑是トロッコ嵐山站↓大河內山莊↓竹林步道↓天龍寺↓渡月橋，Milly只是跳過了トロッコ嵐山站，從保津川的叉路進去，之後則又回到基本的路線中。

天龍寺

通過竹林步道從「北門」買票（說買票似乎有些俗氣，還是說購入拝観券吧），進入世界遺產的天龍寺。通過百花苑、多寶殿，去看法堂天井上的「雲龍図」，去觀賞那曹源池庭園。

〃眺望渡月橋嵐山よしむら的特等席〃

從天龍寺往渡月橋前去時，再去了一次午餐時間因為滿座不能進去用餐的川畔蕎麥屋「嵐山よしむら（YOSHIMURA）」，Milly不是太偏愛蕎麥麵，何以會對一間蕎麥麵如此執著？完全是因為這蕎麥屋外觀古雅，面向川流、渡月橋的坐落位置又太棒。

或許是Milly這回念力最強，在偏離午餐時間的兩點多不但順利進入餐廳，還幸運得以坐在期望的二樓靠窗座。而且坐下不到兩分鐘，所有跟川流視野平行的靠窗座位都滿座，果然是人氣不衰的絕景餐廳。

說絕景真是一點都不誇張，那一面一百八十度比想像中更完美的視野，堪稱是「THE 嵐山」的縮圖。渡

月橋、涼意清流、綠意，加上透過竹簾窗戶傳來的潺潺水流音，置身其中心思飄然。

可能是眼前的風景太完美，當天點的季節限定「京野菜蕎麥冷麵」也異常的美味，湯頭清爽好入口，滿滿的清脆蔬菜配上冷蕎麥麵，更是夏天開胃的好組合。

蕎麥屋「嵐山よしむら」位在稱為「撫松庵」的豪邸建築內，在更裡側的歷史老屋內還有豆腐料理餐廳、和雜貨小鋪。

嵐山よしむら
京都市右京区嵯峨天龍寺芒ノ馬場町3
淡季 11:00～17:00、旺季 10:30～18:00

理想的嵐山休日

第一次住宿「星のや京都」（虹夕諾雅・京都）是在盛夏的八月，度過了兩天一夜以夏日風物詩為主題的嵐山避暑假期。享用了以夏野菜、極品豬肉等食材料理的豐盛晚餐，享受了「星のや京都」為客人準備的豐富夏日活動，像是在水床邊上吃著京風刨冰、體驗從平安時期承繼下來的傳統夏日貴族活動鵜飼（鵜鶘吞魚）和風雅的聞香活動。

二〇一三年初夏再次搭上印有旅館LOGO的專屬墨黑屋形船前往星のや京都，再度住宿除了期待旅館企劃的新綠行事、品味由米其林料理長掌理的晚餐盛宴，也期待自己能以更怡然從容的態度，放鬆於這空間、時間寬裕的極上度假中。

星のや京都所在位置是古來王朝貴族遊興之地，星野集團接收富商在十六世紀興建招待賓客的宅邸，在

保存建築本身結構前提下借用京都「唐紙」（土牆）職人傳統工藝予以翻修，並導入現代機能和燈光配置，完成了這以「水邊私邸」為概念，住宿客人可獨享幽靜自然的和風度假旅館。

Milly 這次住宿的是位在內庭下方最貼近川流，有著兩面綠意大窗的角屋「螢川」房型。牆面貼著櫻花圖樣的京唐紙的古老建築部屋樣式，白天光線可以充分透入，晚上則由床邊的行燈營造出柔和氣氛。（二〇一三年九月，因強烈颱風襲擊，嵐山水患嚴重。「星のや京都」受到波及，甚至必須停業整修，直至隔年二月才重新翻修開張。設施趁機整體更新，「螢川」房型則不再存在。）

住宿期間最偏愛窩在那大大的沙發上，看去跟視野平行的嵐峽山光水色。

不時還會看見對岸山腰嵐山觀光小火車緩慢的駛過，有時會起身揮揮手，也回想著幾個月前跟著阿姨們搭乘嵐山觀光小火車，往「星のや京都」這方望去時的心境。

光是紓緩的看著窗外風景已經愉快，旅館方面怕客人無聊還在房間準備了「香包」道具，可以從幾包標明了「桂皮」「甘松」「山奈」的香料，杓出自己喜歡的香氣，放入和風小袋中做出自己獨一無二的香包。

除了滯留期間的款待，星のや京都更配合春夏秋冬、二十四節氣的京都生活流儀，提供著不同的遊賞企劃，部分活動是由旅館準備不用收費，某些則需要事先預約和付費。除此之外，一年中都可以預約的「京遊び」（京玩賞）還有茶屋體驗、舞妓體驗等等。

好的旅宿不單是豪華的餐飲和空間，更讓人回味的或許正是這些「獨一無二的體驗」，能安排怎樣讓客人回味的體驗，正是好旅館的價值所在。

三天兩夜關於住宿「星のや京都」的五感體驗，是以怎樣的步調進行？就從 CHECK IN 開始說起。

午後三點多先是在渡月小橋棧橋上方的「星のや京都」候船室，喝杯冰涼茶水去去暑氣，接著搭乘專屬

屋行船前往遠離煩囂水邊高台上的旅館。

工作人員已在岸邊棧橋等候，引領Milly穿過典雅山門、楓林石板小徑前往圖書室內的大廳。簡單的CHECK IN後，再由工作人員帶領來到當晚住宿房間，介紹屋內設施確認三天大致行程和早晚餐時間後，工作人員泡茶送上季節感的新綠茶點。

之後到晚餐以前就是自己放鬆時間，先簡單的洗個澡換上舒服室內服，穿上夾腳木屐沿著石板小徑來到空中茶室小歇。晚餐定在六點半時間還很充裕，就這樣隨興的去棧橋看看水流、在圖書室翻翻書、拍拍路邊小花，然後回到房間上上網。房間沒電視但可以無線上網，說真的也不以為無聊，偶然脫離現實世界的電視絕對是好事。

晚餐在二樓的個室內用餐，選的是以當令食材調理的會席料理（因為是五月所以稱為皐月進取）。不同的是華麗於視覺味覺的京風會席料理，在擁有米其林餐廳資歷的新任料理長「久保田一郎」帶領下，呈現

了以傳統為上同時展現最先端日本料理技巧的盛宴。

不過三十出頭的料里長久保田，出身於京都祇園老鋪割烹餐廳，從小學習日本繪畫，高中更就讀於美術學校。之後留學美國，於法國米其林三星餐廳修業、更在英國任京會席餐廳「Umu」料理長，成功讓這新餐廳在開幕五個月後就獲得了米其林的肯定。

有這樣家世、成長背景和海外歷練的料理長久保田，給「星のや京都」料理的定義是：以「味の国境はつくらない（味覺無國境設限）」「Simple is the Best」為精神的「五味自在」。

即使不去理會這些背景，那一道道端出的料理已經充分讓人驚豔的了。

擺脫了傳統料理框架卻能兼顧傳統精髓，食器用得很揮灑，料理手法更是集東西大成，最大的印象是擺盤立體感有層次。精選食材的料理更是一口口都是幸福，該說是即使是小小的一口都能吃出層層的滋味。

這天的晚餐 Milly 還選了兩種日本酒和兩種 WINE

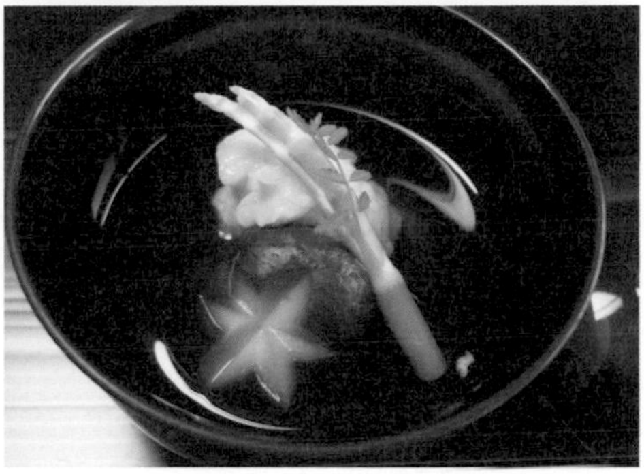

的「BY-THE-GLASS-TOUR」套餐酒，來搭配美食享用。符合料理長美味無國界的理論，餐酒同樣是東西合併。先付、八寸算是前菜以香檳佐餐，燒物就以德國產的紅酒，炊合時改為純米酒搭配。

美酒佳餚整個人都陶醉著，走回房間時腳步飄飄然，該說是已經有些超越了微醺的境界。

早早入睡，第二天一大早在柔和的晨光中醒來。先是奢侈的在晨光中，於大檜木浴池放入漢方入浴包加上清香的萊姆，泡了個舒適的晨浴，旅行中的晨浴時光總是充滿著小幸福能量。

之後在陽光還帶著涼意的清晨中散步，踩著石板小徑瀏覽著延續百年風貌的典雅庭院，走去棧橋川岸，大大的伸展身體，讓川風吹拂。清澈的川流可以看見魚群，樹林間不時傳來小鳥啼聲。美好的非日常早晨，是回到日常後療癒心靈的回憶。

早餐前先跟幾個女子在內庭百年楓葉新綠下，隨著

老師的指導緩慢進行約三十分鐘的深呼吸體操。是心理作用？真的感覺身心煥然一新！在這樣空靈幽靜空間伸展肢體、深呼吸、靜坐，能量不充分也很難吧。

跟上回住宿時相同，內庭依然是 Milly 在這館內最偏愛的空間，不同的時段都想來到這裡感受不同的光線，不同的陰涼演出。內庭在庭師的巧思下，以銀燻瓦做出借景於川流波紋，這意境的波紋不但是可以觀賞更可以踏入。

波紋前的那株大楓樹是館內姿態最好的一株，不同的季節有著不同的風采。不過據說最美還是楓紅時分或是初夏雨後，尤其是初夏雨後川流波紋中象徵枯山水的石塊上會有積水，剛好可以倒映出嫩綠楓色。

深呼吸後身心舒暢氣氛大好，剛好接上在空中茶室的至福早餐時間。空中茶室面向大堰川又可以眺望小倉山，在這樣風景下享用早餐已經是小奢華，更別說稱為「風薫る 朝食」的早餐一開始居然是香檳，那小奢華氣氛就更強烈了。

當然奢華之外，食材同樣講究農家直送、有機蔬菜、自家製果醬和老鋪進々堂的麵包，一點都不馬虎。

午餐後在房間小歇後，就搭乘旅館渡船去到渡月橋，轉搭電車小旅行，是京都旅行中嵐山度假中延伸出的小旅行。

天黑前回到「星のや京都」，莫名的帶著些「回家」的愉悅。

晚餐選擇了 ROOM SERVICE，這樣出外小旅行時就無需遷就晚餐的時間。

同時也可以換換口味，每天豐盛晚餐也會膩的（奢侈的說法呢）。點了牛肉飯配上洋風醃菜，還點了白酒一杯。沒錯唷！一杯白酒也可以單點外送。

這樣在氣氛的燈光下，淺酌一杯酒，自在吃著晚餐，有著彷佛是在家中般的自在（非日常中的幻想）。

第二天的早餐也是在房間內，由工作人員外送過來，面對窗外擺桌佈置一桌豐盛的和風早餐。早餐一般都

是在房間享用，前一天的戶外香檳空中茶室早餐，一天一組預約限定、季節限定。

「星のや京都」的基本宿泊料金是不含早晚餐的，這與傳統日式旅館是很不同的作法。如此的改革作法從第一間「星のや輕井澤」就開始，目的是希望宿客能更自由的安排自己的旅途，不受旅館制式化的用餐時間限定。

ROOM SERVICE 二十四小時提供，早餐外送從七點～十點半都可以，晚餐除了館內的餐廳外，也可以代為預約跟旅館提攜的老鋪餐廳，例如「京都兆吉嵐山本店」。

當天 Milly 吃的是烤魚、京醃菜和水果盤等的和風早餐，在官方網路早餐菜單上，和風早餐應該是「星のや朝鍋朝食」，有著豐富的京野菜和老鋪「森嘉」的豆腐。可是 Milly 上回吃過這早餐又對豆腐不是太偏愛，可是還是想吃和風早餐。工作人員於是親切的順應要求，準備了不同風貌的日式早餐。

早餐後來到水庭前，跟負責照顧整理「星のや京都」境內所有花草大樹的庭師會合，參與這在初夏新綠時節特有的「京の庭師に学ぶ春の庭」（跟著京都庭師品賞春天的庭院）活動。

照顧館內庭園的庭師不是旅館員工，而是來自創業一百六十年南禅寺御用的植彌加藤造園老鋪。由庭師從水邊的棧橋開始，一路說明京都庭園的特色和關於如何維持從別莊時代百多年來流傳下來的「星のや京都」風格。

看似自然茂生的青苔和小草小花，其實都是庭師職人細心維繫下的成果。

不同的季節更會適度的，在不破壞原風貌的前提下種入些花草。庭師說：種下一棵植物簡單，但要維持花草姿態才是日日努力的功夫。

這個在五月新綠時節限定的晨間活動非常的有趣，不但更貼近理解了「星のや京都」的魅力，更可以聽著庭師細說著如何品味京都庭院的方式。不過庭師只會日語，多少還是要有些日文基礎才能參與。

三天兩夜的嵐山新綠假期在和緩愉悅中度過，Milly因為新綠預定了這個假期，也會再次以新綠再回到嵐山，因為新綠中的嵐山是美好得讓人幸福的。

星のや京都
hoshinoya.com/kyoto

Part 2

京都 一宿一旅

安穩、舒適的旅宿，讓旅人餘裕於周邊探訪，心境紓緩在晨昏之間。

用心與土地互動成長的旅宿，則如各自精采的在地旅伴，引領着不同樣式的區間緩遊，讓每一次住宿都是一段全新旅途的開端。

ゲストハウス錺屋

HOTEL ANTEROOM KYOTO

京都車站

在熟悉一個城市的過程中，車站總是最安穩、可靠的存在，更何況是寬敞、明亮、時尚又機能性完整的京都車站。理所當然，初期住宿京都多半集中在京都車站周邊，其中住宿最頻繁是跟京都站連結，位在八条口（所謂京都後站）的「ホテル近鉄京都駅」、距離八条口走路三分鐘內的時代進階版背包旅棧「ピースホステル京都（PIECE HOSTEL KYOTO）」、位在九条近年更積極引入現代藝術裝置的「ホテル アンテルーム京都（HOTEL ANTEROOM KYOTO）」。

在京都前站七条、東本願寺周邊，則住宿過女子合宿房是溫暖單人床的「Hostel North + Key Kyoto」、有著溫柔女將浪漫大正風情的「月屋」與 Guesthouse「ゲストハウス錺屋」、開幕初期曾住宿過兩晚，近年房費提升暫且不易親近的和風時尚精品旅館「ホテ

HOTEL KANRA KYOTO

ルカンラ京都（HOTEL KANRA KYOTO）」等等。

住宿在京都站周邊，晚餐以往不是利用京都站設施內餐廳，要不就是於伊勢丹百貨地下美食街採買。二〇一七年四月，京都站對面、京都塔下方出現了包含購物、美食與體驗的全新複合設施「京都タワーサンド（KYOTO TOWER SANDO）」，讓用餐多了選擇。

KYOTO TOWER SANDO 地下一樓開放式攤位的 FOOD HALL 美食街，讓不懂得日文的海外遊客也能簡單接觸京都特色美食。FOOD HALL 內有發跡於京都三条的熟悉豬排店「名代 とんかつ かつくら」、拉麵店「京都千丸 しゃかりき murasaki」、中國料理「魏飯吉堂」、墨西哥料理「Roti Chicken & Jackie Tacos DELICATESSEN」等將近二十間店鋪。Milly 初次前去時，選擇在人氣燒肉店「京の焼肉処 弘」，以分店限定的燒肉串配上紅酒。之後來到「The Roots of all evil.」點了杯如同花藝作品，止不著拍照慾望的調

酒。現場觀察，則似乎是使用京都品牌豬肉與九条蔥為肉餡的餃子店「ぎょうざ処 亮昌」，最受到世界遊客青睞。

KYOTO TOWER SANDO
www.kyoto-tower-sando.jp

KYOTO TOWER HOTEL

Len

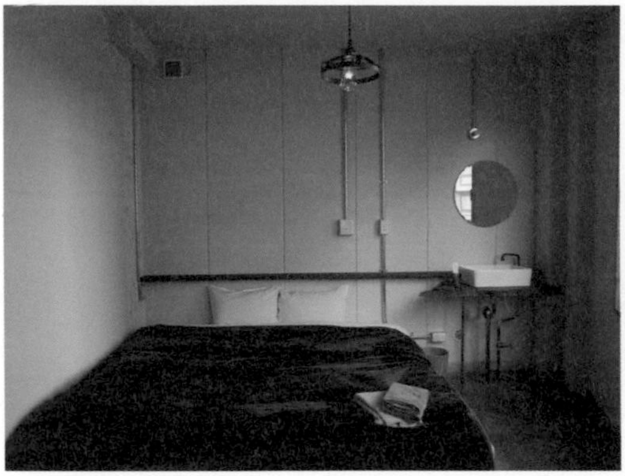

河原町與五条、七条交會處

或許是一般認知住宿京都站周邊，旅遊動線最容易掌握，致使這區域的旅宿總是最先滿室。於是 Milly 開始嘗試預約距離京都車站不遠，四条河原町高島屋商圈在步行範圍內，同時可享有高瀨川風情的五条、七条與河原町交會區塊旅宿。初期集中住宿在高瀨川畔的包棟京町家，諸如「西木屋町仏光寺上る」「庵和泉屋町」「葵高瀨川」。

之後兩回住宿以照明屋舊建築改裝的 HOSTEL「Len」，選擇利用自然光透入擁有教會風拱型窗戶的「KING」個室。Len 一樓「BAR LOUNGE」的酒精、非酒精飲料選項齊全，餐食專業水準又價位合宜，所以不單是住客，連當地人或是非住宿的旅人也會來此用餐。此外，Len 位在「河原町松原」巴士站牌旁，周邊有「TOBICHI 京都」所在復古歐風大樓改造的女

REVOLUTION BOOKS

子服飾、雜貨複合設施「寿ビルディング（壽大樓）」、脫力系酒館「食堂ルインズ」、專賣現炸馬鈴薯餅兼酒吧的「西冨家コロッケ店」、以名物手織り壽司大人氣的「AWOMB 西木屋町」分店等等，夜晚用餐淺酌的選擇多到讓人煩惱的地步。

其中位在曾以薄荷調酒配上泰式料理，無國籍異色風情立飲酒吧「NOKISHITA711」樓上的「レボリューションブックス（REVOLUTION BOOKS）」，很推薦喜歡書店又喜歡小酌一杯的人。不大的店內空間，後方放置飲食相關書籍書架，規模選書都極為專業認真。入口處兩旁也設有販售新書的書架、書檯與窗邊立桌。客人則多數喜歡擠在料理櫃檯前，看來都是愛上老闆不多話卻重情義有故事的個性。是飲食書籍專賣書店附設的飲酒空間，晚間時分則更像是附設有書店的飲酒空間。

那日是晚上前來，跟著不認識的先來酒客擠身在櫃檯前。從滿滿手寫菜單中點了熱呼呼的黑輪、魚板天婦羅與近年偏愛的番茄沙瓦。有趣的是，店主看起來

隨興放浪，菜單卻多是家庭風味且經濟實惠，下酒菜幾乎都是 200 日圓起價，最貴的燻烤鴨肉也不過是 500 日圓。午後客人不多時，翻閱著《深夜食堂》漫畫，點杯溫熱日本酒配上《深夜食堂》書中出現的章魚香腸，光是想像都愉悅微醺起來。

レボリューションブックス
京都市下京区船頭町 235 集まり C 号 2F
13:00 ~ 23:00，週一公休

二〇一七年十一月底滯留京都八天七夜間，第一晚選擇住宿從京都站走去約十多分鐘，二〇一六年四月開業，靠近河原町七条交口的 Guesthouse「しづや KYOTO（SHIZUYA KYOTO）」。

「しづや KYOTO」將五十年歷史的「旅館しづや」全面翻修改建，保留原有格局劃分為女性專用「母屋」與男女共用「離れ」兩部分。房間格式除相對寬敞的男女、女子合宿房外，最大特色是那如同秘密基地，兼具隱私、舒適與設計風的個室。

空間大量使用無垢純色木質建材，整體呈現溫暖與潔淨，難怪女子旅人回住率頗高。

住宿「しづや KYOTO」當日，Milly 剛完成五日關西區域小旅。為節省行李空間，穿戴衣物準備不多，黃昏入住後就掌握時間清洗一皮箱換洗衣服。清洗衣物原本枯燥，在「しづや KYOTO」的洗衣時刻卻異常愉悅。將衣物丟入洗衣機後，來到腹地內併設咖啡屋「HIBI COFFEE」，喝了杯好喝、專業，畫上可愛雪人拉花的拿鐵。咖啡屋與異國風情咖哩屋「アジパイ（asipai）」共用空間，交叉營業時間帶可同時享用精品咖啡與香料咖哩。四十分鐘後衣服洗乾淨了，就在烘乾機投入硬幣，以六十分鐘烘乾衣服。這時就走去距離 guesthouse 不過兩分鐘，面向河原町通銀杏樹下的「Kaikado Café（開化堂カフェ）」。前兩回來到 Kaikado Café 都是喝咖啡、吃點心，這回才喝了咖啡就選了全天供應，以京都鷹峯地區四百年歷史「樋口農園」蔬菜熬煮的「Potage soup」。寒冷冬日

Kaikado cafe

喝熱呼呼蔬菜湯，身體都暖呼呼起來，回到「しづやKYOTO」，則是烘得暖呼呼的清潔衣物等待著我。

しづや KYOTO
www.shizuya-kyoto.com

HIBI COFFEE
京都市下京区七条通河原町東入ル材木町 460
8:00 ~ 19:00，週二公休

Kaikado Café
京都市下京区河原町通七条上ル住吉町 352
10:30 ~ 19:00，週四與每月第一個週三公休

「HIBI COFFEE」上午八點開店，本可在此享用早餐，但不巧遇上公休日，好在 Milly 早準備了多間周邊風味早餐名單。

位在四条高倉的「Okaffe kyoto」，是小川咖啡（OKAWA COFFEE）出身，得過日本咖啡師冠軍的岡田章宏，於二〇一六年十一月獨立開設的咖啡店。這

裡的名物早餐是超越厚實定義，以銅鑼燒風鬆餅夾上厚實煎蛋的「たまごサンド（雞蛋三明治）」，這早餐套餐附上果菜汁、優格，咖啡則需另點。

咖啡屋原址是純喫茶「TEAROOM JUN」，前去時該店開店剛滿週年，店內擺滿祝賀花籃，加上古風裝潢，莫名覺得有些許酒店媽媽風（哈）。總愛穿著牛仔襯衫，照相喜歡擺出帥氣POSE的店主有些自戀傾向，很喜歡上傳誇張表現影片，還好那誇浮個性沒有太影響他的專業領域。

「WANDERERS STAND」於二〇一六年十二月開店，位在五条與西洞院通交口附近，從地鐵五条站走去約十分鐘。店名「WANDERERS」是旅人的意思，期望這咖啡屋能如旅途中，旅人會停下來休憩的樹蔭一般存在。

在開放廚房佔據店內主要位置，空間簡約不失洗練舒適的「WANDERERS STAND」，可以喝到東京名店「Little Nap COFFEE STAND」咖啡豆沖調的咖啡。

除清爽中帶著香醇的咖啡要推薦外，這裡取自金澤Book Cafe「OH LIFE」麵包食譜，以自家烘烤士司所做出的各式吐司料理，更是大大推薦。初次前來吃的簡單雞蛋土司三明治（FRIED EGG TOAST）簡直是少有絕品，之後再來吃的披薩三明治（PIZZA TOAST）更是一吃成粉絲。這裡的吐司不是用麵包機，而是採用特製鐵板烘烤。

二〇一六年六月開幕的「BARMANE」，距離地鐵五条站約五分鐘腳程，年輕店主夫婦以歐風酒吧咖啡屋為構想原形。最吸引人的是在清新明亮店內，上午八點開始供應多達六種的豐盛歐陸早餐。店名BARMANE是BAR＋拉丁語MANE（早晨）的意念組合字，早餐600～1050日圓不等，可選擇輕簡的麵包＋自家製果醬套餐，或是法國吐司、自家製培根、自家製火腿等組合。Milly來時處於早餐與中餐的曖昧時間點上，就任性點了杯好喝的粉紅酒ROSE，配上老闆很親切搭配的一人份綜合前菜拼盤和麵包，作為

BARMANE

WANDERERS STAND

美其名為白日小奢華的早午餐。

Okaffe kyoto
京都市下京区綾小路通東洞院東入ル神明町 235-2
9:00～20:00，週二公休

WANDERERS STAND
京都市下京区八百屋町 58
8:30～17:30，每月公布公休日

BARMANE
京都市下京区杉屋町 295
8:00～14:00，18:00～21:00，週三週四公休

河原町與三条、四条交會處

往時住宿高島屋、大丸百貨所在的河原町與三条、四条交口的京都鬧區，多數會選擇價位合宜的商務HOTEL。近年絕少將商務HOTEL列入選擇，因京都旅宿進化實在讓人雀躍。位在京都三条河原町繁華區，顛覆膠囊旅館規格，將高科技導入的「ザ・ミレニアルズ京都（THE MILLENNIALS KYOTO）」即是一個好例證。

二〇一七年七月開張的THE MILLENNIALS KYOTO，CHECK IN後宿客就擁有一台iPod，用來操作進出樓層、睡床調整、燈光等動作。實際住宿覺得床鋪寬敞好睡，門帘拉下多少還是有些封閉感，但是可接受範圍。加上公用空間大廳寬敞，整體是設計風HOTEL規格，多數人在睡覺時間之外，也絕少困在膠囊床鋪上。

THE MILLENNIALS KYOTO

規則上提示進入睡房區域不可對話，不遵守的客人還是有，但也還算是可接受範圍。法令規定，膠囊旅館睡鋪不能上鎖，THE MILLENNIALS KYOTO則應變讓客人在離開時，鎖住拉下的門帘，真要說也不是太堅實的防備。真的不放心，大廳設有上鎖置物櫃可存放貴重物品。床下空間很大足以放下大皮箱，如果是暴買一族在整理行李時可能要花些心思就是了。

值得特別一提的是，雖說這旅宿整體講求年輕、科技，免費提供的棉質睡衣卻是質感舒服有手感。Milly沒有在午後五點半留下享用免費啤酒時光，因三条河原町有太多更美好的午後微醺據點可探尋。

THE MILLENNIALS KYOTO
www.themillennials.jp

〃風情裏柳小路的午後微醺〃

從四条河原町交口人車湧入的大通逃離，才轉入O

柳小路 TAKA

PA後方小巷弄，就來到跟狹小裏寺町通平行，柳樹搖曳、石板小路，跟周遭喧囂無緣如境外之地的柳小路。Milly 一個人在此享受著，悠然午後微醺續攤時光。

首先來到下午一點開店，一直營業到晚上十點半的「柳小路 TAKA」。這是間CP質與氣氛都讓人滿意的立飲酒場（立ち飲み），就是站著喝酒的地方。

店鋪不大，L型櫃檯八人以上就有些難轉動身體。從櫃檯內狹小廚房端出的烤雞肉串、壽司、生魚片、碳烤蔬菜等料理，每樣都分量扎實、價位合宜又美味，日本酒、沙瓦、紅白酒的選擇絕佳，難怪回流客很多。

在笑聲不斷活氣十足的「柳小路 TAKA」旁，是風格截然不同，氣氛極度沉穩，只有七個櫃檯座位的「そば酒 まつもと」。有別於寡言酷哥老闆，そば酒 まつもと的蕎麥麵與料理卻以溫柔細緻贏得女性饕客歡心。以品味器皿送上的溫熱日本酒配上甘甜多汁的鴨肉，再以冬日限定溫熱蕎麥麵收尾，真是好幸福。

位在柳小路入口旁的「SOUR」，則是可以隨興來

そば 酒 まつもと

SOUR

喝杯或是單純想解渴的新型態 BAR，說是冰果室似乎也不為過。不同的季節可以選擇不同水果為主的蘇打飲品，那日選了秋冬限定的柿子風味，玻璃杯內真的堆放著滿滿新鮮切片柿子呢！

柳小路 TAKA
京都市中京区中之町 577 柳小路はちべえ長屋
13:00 ～ 22:30，週二公休

そば酒 まつもと
京都市中京区中之町 577 柳小路はちべー長屋
12:00 ～ 14:00、16:00 ～ 23:00，週日 13:00 ～ 19:00
週二公休

SOUR
京都市中京区裏寺町通四条上ル裏寺町 607-19
15:00 ～ 24:00

〃錦市場的前後左右〃

錦市場觀光客密度，應已大大超越當地人密度。順應這趨勢市場內多了以觀光客為客層，邊走邊吃美食（或稱為可現場立即享用的單手美食），甚或是史努比茶屋、伴手禮紀念品店都出現了。逛錦市場的樂趣未必否定，但會想若已多次前來京都，何妨也嘗試前去探訪錦市場前後左右的一些風味店家。

位在錦市場與富小路交口附近，富小路上的「SOWGEN」，是以北白川為據點，人氣雜貨咖啡屋「sowgen brocante」二〇一五年五月開幕的2號店。規模比本店大許多，進入原是停車場、倉庫的寬敞空間，首先看見的是擺設如同歐洲市集的古道具、古董、家具，這些古道具、古董多從德國、法國收集而來，提供販售與郵購。在厚實色澤的古風家具之間瞥見濃密綠意，原來是併設的花店，咖啡店隱密在最裡側。即使是白日店內點著油燈，洋溢慵懶昏黃氛圍，或是錯覺吧～覺得很像是油畫中的中古歐洲農家廚房。

喝了當日濃湯配上鄉村麵包，氣氛上也好像時光穿越來到遙遠國度。

京都棋盤式街道，每個街口距離幾乎都很小，只要參考路與路的交會點，即可掌握方位。只是在尋找「WEEKENDERS COFFEE 富小路」時，還是吃了些苦頭。

按照地圖從錦市場與富小路交會處，通過「SOWGEN」再往前走一個街口穿越蛸薬師通，嗯～不是就該出現？可是走來走去都沒見到類似咖啡屋的建築。後來好不容易察覺，原來咖啡屋隱身在停車場後方。光是看官方地址大致也可理解，咖啡屋坐落位置的刁鑽度，但是為了喝杯專業美味拿鐵，即使迷路也值得。

彷如茶室小屋的京風古雅建築，沖泡櫃檯以沉穩石塊格局的「WEEKENDERS COFFEE 富小路」，是三坪大小以外帶為主的咖啡店，客人也可選擇在店前石階上或是僅有的兩人座涼亭坐下飲用。店前小小前庭依

WEEKENDERS COFFEE 富小路

シトロン ブレ

然能展現出細膩四季風情，置身其中感受不到居然位在市中心區。很多京都人氣咖啡店都用他們的咖啡豆，原來WEEKENDERS COFFEE的主體業務還是專業自家烘焙咖啡豆批發，以往前去位在一乘寺周邊元田中的烘焙工房兼咖啡屋「WEEKENDERS COFFEE」已於二〇一六年歇業，同年七月「WEEKENDERS COFFEE富小路」開店，暫且是WEEKENDERS COFFEE唯一的直營店。

位在錦市場、四条通中間，麩屋町通上的法國酒館「シトロン ブレ（Citron Blé）」，有個更吸引人的美食分類是肉BAR，對於無肉不歡的Milly來說光是店名就充滿致命吸引力。初次前去是為了平日午餐限定、980日圓人氣牛排蓋飯「国産牛炙りステーキ丼プレート」，享用過後感受著豐美肉質與十足分量，於是後來即使平日午餐特惠結束，還是再次前來吃那原價是1,280日圓的牛排蓋飯，當然也不會忘記點杯午餐加點單杯特惠的紅酒來助興。主廚將在法國研修

AWOMB

麺ビストロ Nakano

時的直火碳烤牛排調理技術引入，讓牛排外層焦香、肉汁鮮美、肉質柔嫩。

沿著從錦市場所在錦小路路段，穿越烏丸通來到錦小路與新町通交口，這裡有間讓人吃過印象深刻的洋風拉麵店「麺ビストロ Nakano」。主廚擁有多年法國餐廳經驗，拉麵自然也放入了法國料理元素。

當日點了季節限定「きのこポタージュ麺（法式鮮菇湯麵）」，湯頭加入義式香醋與 escargot butter 提味，風味豐厚吃著吃著還真想點杯白酒佐麵。最後學著別桌客人加上一碗50日圓白飯，倒入剩下依然濃郁湯頭中，就變成了西式燉飯。

從「麺ビストロ Nakano」穿過錦小路，沿著新町通來到下一個與蛸薬師通街口，即可看見從二〇一四年六月開店至今，每日中午依然店前排列著隊伍的「AWOMB 烏丸本店」。

這是 AWOMB 開設的第一間店鋪，之後又開了加入天婦羅元素的「AWOMB 西木屋町」店、加入散壽司

元素的「AWOMB 祇園八坂」。

「AWOMB」餐食精緻，器皿用得巧思，加上擺盤優雅漂亮，讓人忍不住不停的拍照，剛好跟上 facebook、instagram 世代潮流。

讓人氣持續延燒當然不單是好拍照入鏡，根本上還是料理美味且具備不易模仿的獨特性。「AWOMB」基本格局是將京風菜餚、生魚片、天然佐料，如同藝術品擺放在黑色正方石盤端出的「手織り寿し（手織壽司）」，之後讓客人自由發揮，選擇單吃、用海苔卷來吃、泡高湯來吃……樂在「組合」的手織壽司用餐樂趣中。

SOWGEN
京都市中京区富小路通錦上ル高宮町 573
antiques&plants12:00 ~ 19:00、cafe&bar 11:30 ~ 22:30，每月第二個週三公休

WEEKENDERS COFFEE 富小路
京都市中京区富小路通六角下ル西側骨屋之町 560 離れ

（三井のリパーク停車場後）
7:30 ~ 18:00，週三公休

シトロンブレ
京都市中京区麩屋町通四条上ル桝屋町 514
12:00 ~ 15:00（14:00L.O）、18:00 ~ 23:30，週一公休

麺ビストロ Nakano
京都市中京区錦小路通新町西入ル西錦小路町 269
11:30 ~ 15:00、18:00 ~ 22:00、週日假日~ 21:00，不定休

AWOMB 烏丸本店
京都市中京区姥柳町 189
12:00 ~ 16:00（15:00L.O）、18:00 ~ 21:00（20:00L.O）

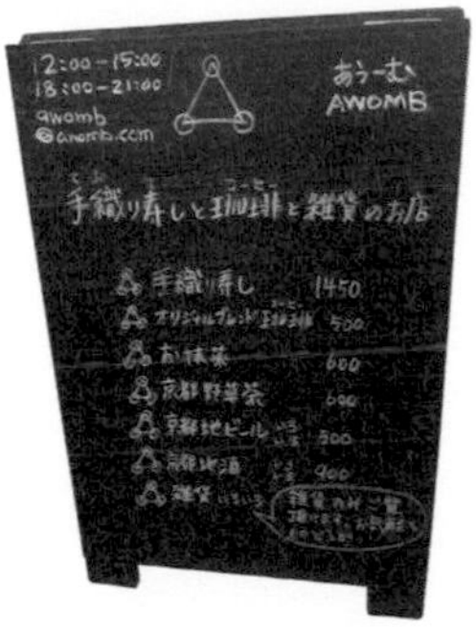

西陣、二条城界隈

Milly之前住宿過二条站周邊可同時體驗現代藝術的「KYOTO ART HOSTEL kumagusuku」、西陣京町家「松庵」與經濟實惠HOTEL「プチホテル京都」。

西陣、二条城區域近幾年增加了極多的Guesthouse、Hostel、設備有廚房日租、週間公寓與包棟京町家。此外，也出現了不少類似「THE JUNEI HOTEL 京都御所西」「京都 茶の宿 七十七 二条邸」「京町屋ホテル 四季十楽」「京旅籠むげん」等，提供京町家住宿體驗與旅館等級服務款待的旅宿。

二〇一七年底預約了日本雜誌京都專題多次推薦，位於西陣地方走去「晴明神社」「二条城」均在十～十五分鐘內，新型態的京町家旅館「京旅籠むげん」。並於十二月初住宿在散步路徑上有「北野天滿宮」「上七軒」，期待多時的「大雲 Casa OGUMO」。也藉此相對深入的品味了西陣、二条站區域，寧靜古樸

中蘊含庶民傳統與世代新意交織的小旅風味。

熱愛旅行曾邊自駕邊工作邊環遊澳洲兩年的永留夫婦，在接著同樣以改裝露營車如生活般日本旅行一周的途中，來到京都，卻命運翻轉開始建構一間現代「旅籠」的挑戰。在親力親為每個細節都參與的情況下，花了兩年時間將兩百多年歷史長屋，改建為房間均為個室、設備有功能浴室、擺設京都作家真鍮、唐紙作品，重現旅途上客棧「旅籠」精神的京町家旅宿「京旅籠むげん」。

二〇一六年九月開始營業的「京旅籠むげん」，五間個室中有面對坪庭的塌塌米和室房，與在木地板鋪上床鋪的洋室。透過網路一眼喜歡上洋室備置的明治復古懷舊風沙發、櫥櫃、浴室、衣物間，於是不顧老闆推薦的一人和室房，硬是以近乎兩人的房價一人住宿一樓的「101」房。除了房間外，從「京旅籠むげん」外觀看去的虫籠窓、欄間、進門後的櫃檯、古物擺置，天井透光中兼具溫暖與質感的開放廚房，甚或是一株

看似隨意放置的草花，都可見到主人講究和品味。住宿期間不捨得出外，只想看著感受著，這經過摩登再生的老屋子，在不同光線下的表情。

「京旅籠むげん」最受旅人樂道的，是將京風小菜、老鋪豆腐、醃菜與大灶烹煮白米飯一起端上的熱呼呼早餐。在由倉庫改造的「藏 BAR」燭光下，淺酌一杯招待威士忌的時光也獨具風味。然後，雖說房間的浴室好美，還是睡前在主人推薦下，去了巷口的澡堂「長者湯」泡了女湯，牆上有著「桜の清水（清水寺櫻花）」圖樣，充滿懷舊風情的舒適暢快，以京都地下水與材火沸騰加熱的熱水澡。

京旅籠むげん
kyoto-machiya-ryokan.com

至於要分享「大雲 Casa OGUMO」，Milly 承認勢必有些偏愛與私心，畢竟這可是一間從購屋、改建到完工，在精神上一起參與的日本旅宿。

二〇一六年七月驚喜聽聞文青美女學生與朋友一起買下西陣一戶百年京町家，直至二〇一七年十二月初試營運期間入住，已是一年多後事情。一年多來聽著學生時喜時憂敘說著，裝修改建老房子的挫折與雀躍，為保留老屋原貌又要兼顧舒適下的掙扎，為求完美與現實預算的拉鋸、時尚風檜木大浴缸安裝的曲折迂迴……不知不覺中對於這房子有了不同的感情投入。

因此在參加階段施工完成披露PARTY，初次踏入這展開第二度生命循環，處處展現女子特有清新風格京町家時，腦裡竟浮現了「感無量」這日文。

而後實際住宿後，Milly私自認定光影是這命名為「大雲」的旅宿主題。掀開拓印淺藍LOGO手感白色暖帘，穿過放置古道具鞋櫃的土間玄關，拉門進入屋內首先進入眼簾的是挑高天井與保留老屋歲月的墨色樑木。之後便被貼上淺藍磁磚、將古老爐灶復活為現代料理廚具、在天窗透入陽光下顯得格外柔和的開放廚房給奪去眼目。美食為樂的學生，改造時最大的堅持，就是住宿期間可以烹飪，於是料理道具、餐具

自然也都齊備。此外，看來兩位女老闆都還是「天窗控」，不但廁所頂上開了天窗，連擺放著時尚造型檜木浴缸的浴室雲朵狀花灑上方也有天窗。這些本都是當初話語間的想法片段，就這樣實際呈現在眼前，真為兩個女子的理想實現感到開心。

她們說：「大雲是一個乘載著夢想的空間，在京都西陣舊街區中。希望這裡可以成為您旅途中的家，讓旅行的每一刻都如同天上的雲一般悠遊、自在、無拘無束！」光是在旅途中擁有一個日常演出的空間已是美好，更何況還是憧憬中的京都日常。於是三天兩夜住宿期間，就盡情扮演著這屋子的幸福女主人。

打開起居間的電視，邊看著晨間節目八卦新聞，邊吃著以鄰近大正八年（一九一九年）創業西陣老鋪麵包店「大正製パン所」麵包，配上在老街採買的季節水果、超市果菜汁、手沖京都人氣掛耳包咖啡的早餐。只是不時會被經由京都庭師職人山口鐮之手建構有垂櫻與楓樹的坪庭風景與牆上灑入的光線給分了心。

早餐後走去北野天滿宮，之後在上七軒雜貨屋選購

伴手禮。回家路上繞路去到距離大雲五分鐘路程上的「季節の台所 空まめ」，外帶他們受到地方主婦認可的京風家庭料理熟食，回去後加熱超市買的五穀米飯真空包，裝盤演出咖啡店風格午餐。午後隨興散步，驚豔著「淨福寺」那株楓葉的美麗手姿，更被那不知名寺廟前的大銀杏給震撼，久久不能離去。黃昏以突擊方式進入周邊國寶級居酒屋「神馬」飲酒用餐，一償來此朝聖的多年心願。隔日深夜時分返回，走入巷弄內抬頭看見明月星空，而在那端有間點了門燈的「家」，正等候著夜歸旅人。

「大雲 Casa OGUMO」為百年的傳統町家建築，兩層樓包含玄關、開放廚房、餐桌、面向坪庭有簷廊的起居間、兩間洗手間、浴室以及包含一樓洋室、二樓兩間和室三個房間，可供兩~八人入住，採一日一組包棟預約形式。

大雲 Casa OGUMO
www.facebook.com/CasaOGUMO

〃西陣旅宿散步路徑〃

「京旅籠むげん」與「大雲 Casa OGUMO」，走路相距不過十多分鐘，從旅宿出發的小旅散步路徑大致重疊。

在西陣地方散步時，Milly 習慣以老鋪喫茶店「靜香」「北野天滿宮」為地標移動。在二条城地區，不用說就是以二条城為中心地標。

已延續到第三代，店內裝潢依然維持一九三七年開業當時氛圍的「靜香」，位在千本通與今出川通的交會處。「靜香」隔著十本通是「大正製パン所」，從「靜香」對面今出川巷弄進去，則是是一間演出極致非日常的咖啡屋「まぼろし小路」。正式店名為「まぼろし小路東入ル ヱントツコーヒー舍」的自家烘焙咖啡屋，位在隱密巷道深處，進入要先通過一條異常窄小的通道，通道口有間掛上「まぼろし探偵社」招牌的神祕場所。

置放著古董道具的店內同樣異常窄小，抬頭望去還

まぼろし小路

有個要攀爬樓梯上去的神祕閣樓，據知是用來烘焙咖啡的場所。空間異世界戲劇化氛圍濃密，原來是出自店主昔日工作關係的電影道具幕後班底，花了將近一年半時間才成型。店內有很多難以用文字敘說的細部影像，有待好奇者親自前來體會。「まぼろし小路」的自家烘焙咖啡風味偏濃，餐單與服務規格，歸類為喫茶店更合適。

まぼろし小路
京都市上京区佐竹町 110-2
12:00 ~ 20:00，週三、每月第二第四個週四公休

從「靜香」所在的今出川通北野天滿宮方向走去，然後在上七軒路口左轉進入，即可到達經常出現在日雜京都專題中的人氣店「knot café」。咖啡屋招牌烤蛋小漢堡「出汁巻きサンド」模樣可愛，很少人會不受其吸引。實際點來享用，發現原來可愛是可愛，但尺寸比想像中大些，厚切烤蛋的滋味則如預期鬆軟好吃。大部分客人會各點一個烤蛋、紅豆三明治擺放在

一起，享用前基本動作自然是先讓相機吃食。

「knot café」將來自紐約的「nunu chocolates」與西陣老鋪「長五郎餅本舖」「千本玉壽軒」合作的巧克力大福與巧克力棒，是隱藏版人氣甜品。容易被忽略的是店同時採用京都山科「GARUDACOFFEE」與紐約「Café Grumpy」咖啡豆的咖啡飲品。

古民家改造的店內，空間規劃極為洗練，餐具杯子講究品味。只是，畢竟是人氣店，開店後客人不斷湧入，暫且無法長期滯留。

knot café
京都市上京区今小路通七本松西入ル東今小路町 758-1
10:00～18:00，週二公休

跟「knot café」比鄰而居的「Jam Jar Lounge & Inn」，是跟每日限定兩組客人 Guesthouse 一起經營的咖啡屋。

與「knot café」的簡約洗練完全對比，「Jam Jar

Lounge & Inn」內堆滿著書籍、古董、歐風家具，進去像是闖入了哪位外國作家的居所。隨處可見當東方遇到西方、當過去遇上現在，高完成度的裝飾美學。

原來店主除在澳洲居住二十多年的日籍池田先生外，另一位合夥人 DANNY 是裝潢設計出身的澳洲人。如此繁雜物件堆放在不大空間內，居然讓人如此放鬆舒適，功力可見一斑。餐食中推薦必點的熱三明治，基本上也是澳洲咖啡基本菜單。Milly 那日才吃過早餐，就點了以大山崎 COFFEE ROASTERS 沖調的澳洲款拿鐵 Flat White，配上厚實巧克力甜甜圈。

Jam Jar Lounge & Inn
京都市上京区今小路通七本松西入ル東今小路町 758-2
10:00～18:00，週一公休

「大雲 Casa OGUMO」散步範圍內有還不少美食據點，像是可吃到午餐限定 900 日圓必吃絕品親子丼的老鋪「西陣鳥岩樓」、曾被選入米其林推薦名單的蕎上：西陣鳥岩樓，下：蕎麥屋にこら。

Jam Jar Lounge & Inn

麥麵店「蕎麥屋にこら」與昭和九年（一九三六年）創業，儼然是京都老鋪居酒屋象徵、全日本居酒屋饕客嚮往聖地的「神馬」。住宿大雲之前已信誓旦旦宣稱，這回一定要吃到神馬，畢竟距離大雲走路過去都不用三分鐘。現實是這是間國寶級居酒屋，若非數月前預約根本進去不了，但一個人在開店前後進入，應該總有辦法的。

午後五點剛過，隨興晃盪來到暮色中格外風情，寫著大大神馬字樣「神馬」店前，打開門探頭看看，哇～才開店不久已是熱氣騰騰滿座狀態，不抱希望怯怯詢問，回答居然是：「如果不介意七點離開的話～」接著就在毫無心理準備的情況下，被帶到長長的凹型櫃檯門口邊櫃檯座位。「神馬」不是「大眾居酒屋」，論水準更接近「割烹」。代代相傳的信念是「その日その季節に美味しい新鮮な物をお客様に味わっていただく（提供客人這季節這一日、最美味最新鮮的料理）」。

「神馬」料理的確好吃，但比他們好吃的居酒屋絕

非少數，消費價位也偏高。大家仍不惜數月前預約，甚至連不丹親族都曾微服前來，看重的其實是這裡無可替代的歡愉氣氛，以及跟著西陣一路走來的歲月光影。適度的混亂、適度的吵雜，加上大女將（女老闆）的健談、風趣、可愛，都加添了在這飲酒的樂趣。

Milly 一開始先點了神馬招牌、以六種日本酒調製的溫酒，接著陸續點了蔬菜海鮮天婦羅、醋醃海參、鯖魚壽司等，最後一直被眼前醃製檸檬的玻璃罐吸引，就又加點了自家製檸檬沙瓦。

回想起來，京都三大居酒屋：「神馬」「たつみ」「京極スタンド」，其中只剩下「たつみ」尚未朝聖體驗。

神馬
京都市上京区千本通中立売上ル西側玉屋町 38
17:00 ~ 21:30，週日公休

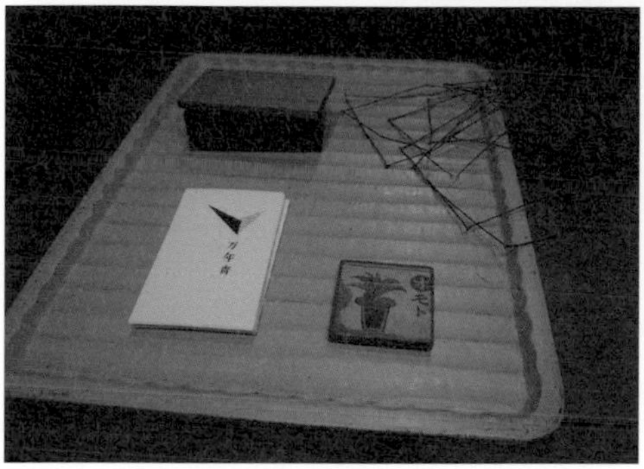

京都人氣店侵入攻略

位在高瀨川畔巷弄內的小食堂「おがわ」，是在京都Milly始終無法進入的餐廳，每回經過都會掀開暖帘探頭詢問，每回都無功而返。多年來人氣不減的「おがわ」，必須提前數月預約，可是旅行除非多人同行，大多不會提前預約，更別說是提前數個月。就還是託付緣份，經過剛好有位置就進入。

要進入沒有事前預約的人氣餐廳有個小訣竅，就是在開店前後進去，例如六點開店就大約六點十分進去。一般來說多人數預約，多會安排在七點以後，如此就可以插隊進入用餐。一個人成功率還頗高，多人用餐未免掃興就還是建議提前預約。

「串揚げ万年青」據說是京都小老闆與饕客們，經常光顧的隱藏版人氣店，就怎麼都想好奇一探究竟。

在有些涼意、天氣絕佳、月色明亮的夜晚，從住宿「大雲」一路悠哉走去，走入靠近鞍馬口的幽暗住宅區路徑上時一度想放棄，好在「串揚げ万年青」即時在夜色中發出溫柔亮光出現眼前。

前去時是週末，店內滿席狀態，老闆建議先坐在聚餐團體半個室旁唯一兩人桌，待櫃檯位置空出再移動。吃炸串坐櫃檯，邊看大廚炸物邊享用樂趣更大，就聽從了老闆建議，因此同時體會餐桌與櫃檯不同氛圍。

在這用過餐後，完全認同京都老鋪小老闆為何偏愛這間餐廳，首先食材新鮮講究有機，還加上炸串水梨的創意，看似簡單的炸串在老闆純熟手藝下，酥脆適度又不油膩。

店內裝潢潔淨時尚，椅子採用「村上椅子」作家作品，還請附近唐紙店家「かみ添」設計素材裝飾牆面。使用餐具極有品味，擠檸檬汁的小鳥模樣道具讓人愛不釋手。那日點了很少嘗試的「主廚套餐（おまかせコース）」，就是主廚一直上菜直到說吃飽為止。在店主夫婦恰到好處的招呼閒談間，當日Milly點了兩杯酒，吃完全部食材將近三十種炸串，很有成就感。值得一說的是，吃了這麼多炸物，腸胃卻沒有負擔感覺。

串揚げ万年青
京都府京都市上京区大宮通鞍馬口下ル筋違橋町554-2
17:00～21:30（入店）、午餐不定期提供，週一公休

以往多是選擇在白日出沒分布著不少風味店家的鞍馬口通，像是之前提到的唐紙「かみ添」，一旁以老鋪華麗錢湯改造的咖啡屋「SARASA西陣」、文創工房「藤の森寮」與人氣蕎麥屋「かね井」，每次經過必定忍不住買幾個麵包回去的「Tom Sowyer」，還有在週日一早可以泡晨湯的國寶級大眾澡堂「船岡溫泉」。

住宿在西陣地方，除了北野天滿宮、上七軒、晴明神社周邊，建議可將活動範圍延伸到大德寺周邊鞍馬口通，與近年經常被女子京都專題推薦的紫竹、北大路地區。

初次踏入紫竹地區，為探訪位在大宮通與玄以通交口附近，以織物工廠改建的咖啡屋「STARDUST」，

CIRCUS COFFEE

STARDUST

店內販售有法國品牌茶「CHA YUAN」、空間色澤有如中古歐洲老屋、女店主總是輕聲細語有如仙女般。置身在「STARDUST」或許是受到女店主刻意營造的詩樣氣氛感染，喝著花草茶自然而然就和緩放鬆下來。

「STARDUST」一旁是京都非常有名的花坊「みたて」，旅行在外很難擁有植物或是盆栽，但是光是看著那些有氣質的草花還是很療癒。

位在大宮通與北山通交口，有間京町家老屋改建、路經時很難不被那豔麗如馬戲團色澤暖帘與布棚給吸引的咖啡豆烘焙屋「CIRCUS COFFEE」。

「CIRCUS COFFEE」的咖啡豆專業好喝不在話下，因包裝與咖啡罐頗有雜貨風，適合買來當做喜歡咖啡朋友的伴手禮。「CIRCUS COFFEE」不設咖啡座，購買咖啡豆可享用店主現沖咖啡試飲。若是想買好品質專業咖啡豆又想喝杯咖啡，就會建議去到Milly在二〇一七年偶然發現，位在大宮通與今宮通交口的精品咖啡豆專門店「AMANO COFFEE ROASTERS」。店

主天野隆先生的老家本是在伏見經營三十多年的咖啡豆批發商，現在一面顧著家業同時於二〇一六年十一月開了這間精品咖啡專門店。寬敞的店內擺放著大大的烘焙機、多種咖啡豆與試飲空間，單純只是想喝杯咖啡或是外帶也可以。

探訪北大路與紫竹地區的店家，天氣好時不妨以步行方式，按著地圖隨興散步。否則就使用京都巴士一日券，於前往「上荷茂神社」「大德寺」途中將路徑延伸。

〃二条城前後左右〃

從觀光客喧囂的二条城正門走去一旁巷弄裡側，小屋格局咖啡店「二条小屋」只需三分鐘不到，卻能立刻氣氛轉換，在品味品質咖啡飲品同時，還能擁有絕對幽靜。

二〇一五年六月開店的「二条小屋」，六疊面積（約三坪）咖啡沖調與料理廚房共用的開放廚房櫃檯，大

約可以站八～九人。據說戴著氈帽、看似靦腆又個性頗隨和的年輕店主，對這老舊小屋一見鍾情，除了風情獨具外，更可同時招呼所有的客人，保持恰到好處的距離感。「二条小屋」採用神戶「荻原咖啡」咖啡豆，Milly 點了冰拿鐵，店主會先在眼前放置咖啡道具，將注入冰奶的杯子放置下方，然後再手沖黑咖啡入冰奶中。冰拿鐵濃郁適度、滋味有層次，專業品質讓人勢必回流再來。懷舊、傳統、世代、溫暖，微妙的共存一室，看似老客人點了杯黑咖啡就拿起小說自在閱讀中。說是咖啡小屋但也提供酒精飲料，現做熱三明治同樣人氣。

二条小屋
京都市中京区最上町 382-2
11:00～20:00，週二公休

由「二条小屋」巷弄走出到寬闊御池通，再從往千本通路上郵局邊巷口轉入，就會出現集合著多間個性

CLAMP COFFEE SARASA

LADER

店家的隱密區間。

首先看見是以「可試用的雜貨鋪」為規劃的時尚生活用品雜貨屋「LADER」，店內舉凡鬃毛刷、鍋子、咖啡道具，都可以在設置的實體廚房試用。聽聞還有人帶著常態在自家餐桌上出現的吐司來到，為了試試這裡的吐司刀好不好用。

「LADER」旁邊是被植物攀生，容易錯覺是廢墟的「CLAMP COFFEE SARASA」。

「CLAMP COFFEE SARASA」內部殘留著原建築鐵鍊吊具、鋼骨架又有大型咖啡機烘焙機坐鎮，空間卻意外的舒適柔和，應是透過鐵窗灑入的光線朦朧了所見的一切。原本這裡最人氣的是包含咖啡、優格、調味白煮蛋、歐風醃菜的厚片吐司的超值早餐，可惜這套餐已經不再出現在MENU上，慶幸的是還是可以開放三明治、日本近期很盛行的「コッペパンサンド（營養午餐麵包做的三明治）」作為早餐。

從「CLAMP COFFEE SARASA」旁樓梯上去，是將植物、水族箱、乾燥花營造出有如植物園般的雜貨花

房「Blowmist BOOM」。本是不小心闖入這寬敞可自由參觀的雜貨花房，進去後竟不由得流連在水霧下，如夢似幻的異世界空間內。

LADER
京都市中京区西ノ京職司町 67-38
11:00 ~ 15:00，週三公休

CLAMP COFFEE SARASA
京都市中京区西ノ京職司町 67-38
8:00 ~ 18:00，每月最後週三公休

Blowmist BOOM
京都市中京区西ノ京職司町 67-38
11:00 ~ 18:00，每月第三個週三公休

從二条城正門前斜對角東堀川通上，二樓「SONGBIRD COFFEE」窗邊位置即可眺望二条城。這咖啡屋不但視野絕佳，也是周邊少數能同時享用美酒、美食、好咖啡與現代藝術鑑賞、雜貨販售的空間。

「SONGBIRD COFFEE」現沖咖啡選用京都咖啡屋名店「六曜社」「かもがわカフェ」等咖啡豆，招牌料理則是視覺搶眼的鳥巢咖哩飯「SONGBIRD CURRY」。這咖哩飯先是將白飯堆成平台，將香料突出的雞肉咖哩淋上，以洋蔥類脆片鋪成鳥巢模樣，放上整顆半熟白煮蛋，就完成外觀彷如鳥巢，視覺兼具美味的立體感咖哩飯。

SONGBIRD COFFEE
京都市中京区竹屋町通堀川東入ル西竹屋町 529 2F
12:00～20:00，週四、每月第一第三個週三公休

前身是一九六三年創業「喫茶セブン」，由年輕店主繼承下來的「喫茶マドラグ（LA MADRAGUE）」，從地鐵「二条城前」二號出口走去約四分鐘。顧客必點的雞蛋三明治（玉子サンドイッチ）是獲取於二〇一二年二月歇業，六十多年歷史老鋪洋食屋「コロナ」的食譜。這分量十足的雞蛋三明

治，以吐司抹上醬料後放上火腿片，再夾上現煎厚實煎蛋，最後對切成四份完成，一口咬下去盡是酸甜醬料滋味蛋香。

喫茶マドラグ
京都市中京区押小路通西洞院東入ル北側
11:30 ~ 22:00，週日公休

寺町通 cross 市役所、京都御苑

曾為更貼近京都御苑，預約住宿位在寺町通上的設計風 HOTEL「THE SCREEN」。二〇一七年再次以貼近京都御苑晨昏、秋色為期望，選擇位在地鐵丸太町站旁的「バード ホステル（BIRD HOSTEL）」，因而得以在銀杏華美飄落時節，跟著蒼鷺一起漫步在晨霧朦朧的廣大御苑內。BIRD HOSTEL 一樓的 Coffee & Bar 有早餐供應，但京都美好早餐據點名單豐富，就依然放棄另覓場所。

BIRD HOSTEL
www.birdhostel.com/ja-jp

有著銀杏樹窗景，位在古董、藝廊、古書店林立寺町通上的「進々堂（寺町店）」，是創業於大正二年

村上開新堂

進々堂（寺町店）

（一九二三年）京都老鋪麵包屋1號店，也因所處位置環境清幽，鄰近有老鋪「一保堂茶舖」「紙司柿本」「村上開新堂」，是不論當地人或觀光客都很人氣的分店。

早餐選項很多，700日圓基本款培根蛋吐司套餐，吐司可從五種風味選擇，可續杯的咖啡也講究採用下鴨自家焙煎珈琲 Cafe Verdi 的精選咖啡豆。

明治四十年（一九〇七年）開業的「村上開新堂」，是京都歷史最久遠的洋菓子鋪。原本就喜歡他們外觀為木造漆喰洋館、內部融入日本建築特色的和洋融合店頭風情，經過時總忍不住進去買些俄羅斯餅乾或是最愛的寺町布丁。

風聞村上開新堂於二〇一七年三月，在第四代家主村上彰一規劃下，將店鋪裡側居所空間改裝為咖啡屋，還導入京都職人工藝，特注一八三八年創業「清課堂」錫製櫃檯、備置北歐家具，自然不會錯過勢必拜訪。

開店不久十點半進入，小小惋惜面向坪庭沙發座已被先來客人佔據，但精緻空間內的其他座位依然讓人在停滯時間中，悠悠沉浸在千年京都的質感美學中。在這咖啡屋內可以享用限定戚風蛋糕、熔岩巧克力蛋糕，Milly 則依然堅持選擇以手沖咖啡，配上使用整顆橘子的季節限定村上開新堂名物果凍。

進々堂（寺町店）
京都市中京区寺町通竹屋町下ル久遠院前町 674
7:30～19:00

村上開新堂
京都市中京区寺町通二条上ル東側
10:00～18:00、Café～17:00，週日假日、每月第三個週一公休

此外，烏丸通與京都市役所旁寺町通間的押小路段，是條充滿著異國風味的美食街道。

首先從烏丸通與押小路交口處的人氣親子蓋飯店「とり安」進入後，很快就看見一間小小的、上午七點開店的有機麵包屋「しろはとベーカリー（SHIROHATO BAKERY）」。吃奶蛋素的人，可以參考這裡沒有放入雞蛋、牛奶，以糙米做出的美味吐司。

接下來是押小路和車屋町通交口上，有著京町家外觀的有機甜甜圈咖啡屋「Doughnut Cafe nicotto & mam」。

墨黑色古樸外觀加上黑色暖簾，本來給人硬梆梆的感覺，可是配上可愛的 LOGO、橘黃色立牌和從屋內透出的溫柔燈光，印象就柔和起來也多了甜蜜氣息。是甜甜圈點心咖啡屋，可以外帶也可以在店內享用。講究手工製作使用天然酵母、不添加奶蛋的健康風甜甜圈，一共有十五種以上口味，每天提供其中的六～八種在店頭販售。Milly 買了抹茶和原味各一，不知道為什麼來到京都就特別偏愛起抹茶。

原味甜甜圈淺淺裹上一層粉糖，吃起來甜味適度，口感是QQ的。沒有美式甜甜圈的華麗和甜膩、油膩，是適合在京都存在的甜甜圈。

しろはとベーカリー
京都市中京区西押小路町 102-2
7:00～19:00，週日週一公休

Doughnut Cafe
nicotto & mam

しろはとベーカリー

Doughnut Cafe nicotto & mam
京都市中京区車屋町通押小路上ル
11:00～18:30，週六假日～18:00，週日公休

「インド食堂タルカ（印度食堂TARUKA）」位在間之町通和高倉通之間的押小路上，餐廳外觀不是特別搶眼，甚至光從店面判斷還一下子不知道這是一間印度餐廳。

店內是乾淨純白空間，即使是印度餐廳那拱廊隔間裝潢、老式風扇、牆上馴鷹印度人像，依然能感受京都特有優雅。

料理則是正統印度風不是改良的大眾化咖哩餐，午餐套餐以鋁盤端上，上面放了烤餅、一些食材已經看不太出來的香料咖哩菜餚、酸酸辣辣的醃菜和有的客人甚至會學樣拌上咖哩以手抓來吃的白飯。口味上想必會做些符合日本人口味的調整，賣相來說就是很印度的。素食咖哩餐套餐1050日圓，多選擇一份雞肉或是羊肉咖哩的套餐是1150日圓，也有五種咖哩都

Miisuk

インド食堂タルカ

有的豪華版套餐。剛開始會有些猶疑，畢竟不是自己習慣的料理模樣，可是愈吃愈開胃，複雜的香料味在口中綜合出美味的訊息，熬煮得很透，咖哩也可用稱為ロティ（Roti）的印度煎餅沾來吃。Milly 加點的印度風香料烤雞腿，帶著焦香味醃得很入味，好吃！

這間南印度料理餐廳午餐是套餐形式，晚上則是單點菜色為主，菜單上還有很正統的印度飲品可以選擇。在廚房內勤快料理的老公和負責招呼點菜的年輕太太，都帶著那麼點離世的流浪氣質，像是會放棄都會生活到深山過著自給自足生活的夫婦，明明是日本人卻微妙的帶著些許印度人風貌。

インド食堂タルカ
京都市中京区押小路通高倉西入ル左京町 138
12:00 ~ 14:30（14:00L.O）、18:00 ~ 22:00（21:00L.O），週日週一公休

吃完印度午餐 Milly 建議可以餐後散步一下，沿著押小路大約走個三~五分鐘，通過「玉の湯」「平安

教會」，來到御幸町和寺町通之間的可愛泰國餐廳「Miisuk（ミースク）」吃泰式甜品。單純是主觀以為泰國餐廳的甜品，應該比印度那些油炸的點心好吃，更重要的是如此一個午餐時間就可以享用兩種不同的異國空間。

是很受女子偏愛的可愛泰國餐廳，真要說更偏向是泰國風情的咖啡屋食堂，甚至如果就是那樣路過，可能還會誤認這是間亞洲風雜貨屋。

有別於一般泰國餐廳金碧輝煌的裝潢，Miisuk 似乎多了那麼些亞洲法殖民地的浪漫風情。店內的確可以看見泰國餐廳不會少的泰皇照片，但是那以古董燈、民族風攝影集、亞洲風小說、異國風海報營造出的氣氛，就是不同於既定印象中的泰國餐廳。

也是年輕夫婦兩人經營的個性餐廳（自己判斷他們是夫婦），穿著似乎是自己設計的南洋風制服，尤其是開放廚房內老公穿的更是有些嘻哈風的民族服飾。店內年輕的泰國師父曾經在法國修業過，店內為什麼有法國風情就真相大白了。

菜單上的泰式甜品選擇不多，不過就是季節水果冰淇淋。可是一端上來，忍不住就脫口說出：好漂亮！芒果冰淇淋下還放了QQ口感的泰式小糯米丸子，是好看又好吃的改良泰式甜品。隔年 Milly 再次來到為享用午餐，可是不知道為什麼點的居然是頗好吃，但較偏重南洋風味的海南雞飯。

Miisuk
京都市中京区寺町押小路西入ル亀屋町 405
12:00～14:30（14:00L.O）、18:00～21:30（20:30L.O），週四公休

從京都御苑、京都市役所越過河原町通，很快就可以來到鴨川畔，其實只要是住宿在河原町周邊區域，皆可以同時享有綠意與川畔的散步路徑。

〃愛戀鴨川的美好方式〃

有川流環繞盤旋的城市多是美麗的，更何況是京都。大家熟悉的京都川流應該就是鴨川，說鴨川是京都的象徵也不為過。來到京都唯有站在三条大橋眺望鴨川，才能真切感受到自己已經在京都！

春天櫻花盛開的鴨川、夏日納涼床的鴨川、暮色中的鴨川都是如此魅力的。

以為貼近鴨川的最理想方式是，預約一棟面向鴨川的町家旅宿，從客廳外的露臺看去以鴨川襯托的晨昏、細雪、山色。曾經以四萬日圓一個人預約了兩天一夜，一棟面向鴨川以商人宅邸改建的町家宿「庵 和泉屋町」，刷卡確認預約的瞬間的確有些失血感覺，但住宿過後至今回味無窮，甚至以為能以那樣的價錢，獲取細雪中美好的鴨川日常生活是完全值得的。即使前夜不是住宿在鴨川邊，還是很推薦天氣好的日子可以一大早沿著鴨川散步。少了觀光客的鴨川沿岸格外清新，與散步、遛狗、騎車、慢跑的人們擦身而過，分

享著京都一日開始的舒爽。

可以跨越鴨川的大橋判定到了哪個段落，四条、三条一路走著，體力好時一個多小時甚至可以一直走到鴨川分歧為「上賀茂川」「高野川」交點的出柳町，這是逆流往上走的路徑。反向順流選擇從「北大路橋」開始，之後沿著鴨川步道（鴨川河川敷），經過出柳町、丸太町，之後再從三条、四条上去逛街也不錯。

沒有太多的目的，光是看著兩岸建築、河岸花草已經讓人愉悅舒服，看見稱為「飛び石」跨越川流的烏龜、飛鳥石塊，還可以跳躍過去對岸以不同的視野繼續散步鴨川。走著走著不由讚嘆起來，跟繁華街市貼近的鴨川，怎可川流依然清澈？

順著鴨川走著興致來了就多走些，走累了就走回路面搭乘搭巴士繼續觀光小旅行，不用刻意也不用勉強，反正鴨川很長又人多貼著京都重要街道平行著。

散步行程的基本數據是「四条大橋↓賀茂大橋（下

kawa cafe

鴨神社周邊）直線距離約 2.9 公里，所要時間約五十分。」「四条大橋↓北大路橋（府立植物園周邊）約 4.6 公里、約八十分。」

櫻花時節推薦一大早先搭車前去上賀茂神社，瀏覽過寺廟後沿著上賀茂川一路走去賀茂大橋，上賀茂橋上流左岸的櫻花步道的絕色櫻花風景讓清晨散步浪漫起來。

不喜歡走路的話不妨選擇可以眺望鴨川風景的餐廳用餐，鴨川沿岸咖啡屋選擇很多。像是五条大橋鴨川畔時尚的設計風咖啡屋「e-fish」，就有著極佳的靠窗鴨川視野座位，每回搶到了好位置真是一分鐘都捨不得離開，希望就這樣從午後一直獨佔到黃昏。

不過 e-fish 周邊的延伸散步路徑較缺乏，喜歡熱鬧些的會建議前去三条大橋旁的星巴克、位在今出川通鴨川賀茂大橋橋畔的「Bon Bon Café」，和位在高瀨川和鴨川間貼近鬧區河原町四条京町屋改造的「kawa cafe」。星巴克三条店的好視野太吸引人，於是從早

e-fish

到晚總是擠滿著來自世界各地的觀光客，要等到一個好位置不是太容易。

此外，像是「SCORPIONE 吉右」「イカリヤ食堂」等面向鴨川的洋食餐廳，會在夏季搭建川床，推出季節限定的料理套餐，也可透過網站留意同時提前預約。

〃鴨川岸美好情緒消費街道〃

雖然不是就在鴨川岸邊上，Milly 偏好的鴨川散步路徑還有荒神口的河段周邊，範圍不是太大，不過就是丸太町通和荒川口通之間的河原町通路段。

散步終點站設定在不是面對鴨川卻自稱為鴨川咖啡屋的「かもがわカフェ（鴨川咖啡屋）」，起點則可設定地鐵「神宮丸太町」站。（註：搭乘公車就是在河原町、丸太町的交口周邊下車）

走出神宮丸太町站往河原町通、丸太町通交口走去，然後走進河原町開始邊走邊逛。

以服裝店老鋪改裝的雜貨屋「kit」逛逛。

bonne volonte

kit

kit 的雜貨範圍很廣，有器皿、餐具和布包等，走的是低調手感風，國籍不限。

店主原來是書店的雜貨採購後來自己出來開店，於是以手作雜貨為主的店內一角就設立了小小的二手書店，這書店的書多來自店主好友韓國料理店「李青」老闆的收藏。

其實不只是書店，店內還放了「餅乾作家」的點心、有機焙茶和調味料、櫃檯上擺放著自家製的薑汁汽水、梅子酒飲品，可以外帶或是內用。

店內讓人不由迷惑「怎麼連這個都有賣？」的生活物品處處可見，微妙的是這所有不同範疇的東西，放在同一個空間內卻完全沒有不協調的感覺，由此可以感受到店主的品味和陳設功力。(kit 於二〇一七年三月，移轉至之後會介紹的「草星」後方巷弄內，依舊在本區散步範圍內)

kit
京都市上京区信富町 299
11:30 ~ 19:00，週二公休

繼續走在河原町通上，會看到以土耳其羊毛毯為主的異國風家飾店「KILIM ANATOLIA」，經過這間家飾店很難不停下腳步，因為光是店前就擺放著色彩鮮豔、圖紋漂亮的各式地毯、壁毯、椅墊等等，讓人目不暇給。

然後對面就是 Milly 每回經過一定會進去買個麵包的麵包屋「bonne volonte（ボンボランテ）」。

是一間光是踏入店內，看著那厚重的烤窯、木材和玻璃櫃的麵包，就會一下子幸福起來的麵包屋。而且這裡的麵包像是有魔力似的，每一個看起來都好好吃。

麵包可真的都是以木材燒火的石窯燒烤，不是只是擺些材火做做樣子。bonne volonte 的吐司非常好吃，不過這天要先去鴨川河畔享受點心時間，就選了符合心情的 200 日圓「微笑奶油麵包」。

bonne volonte
京都市上京区河原町通荒神口下ル上生洲町 229-1
11:00 ~ 20:00，週日週一公休

如不買麵包也可以繼續向前，去那間西洋菓子屋「sampo」，選幾個可愛法國傳統小點可麗露或是布丁當做野餐點心。

從 sampo 向前幾步就來到荒神口通，在這街口右轉往荒神口橋前去，然後從橋邊小路走入鴨川河畔。選個樹蔭下的平台或是木椅，以微笑奶油麵包配上飲料途中休息。這樣在涼風徐徐、綠意盎然的鴨川畔小歇，是 Milly 很喜歡的節奏，每次都會想著這次該沿路買哪家的麵包、小點去野餐才好。

悠閒的鴨川點心時間後，看看時間差不多可以是午餐時間了。於是回頭從鴨川畔走回荒神口通，不過這時不先走回河原町通，而是在中途左轉進入一旁的二本木通，前去那間入口掛著綠色鴨子圖案的「かもがわカフェ」。

店主似乎真的很喜歡綠色，咖啡屋內處處看見不同的綠色牆面，櫃檯更是綠色條紋。

かもがわカフェ開店時間是十二點，不過有的資料

かもがわカフェ

會寫正午開始，不想撲空大多會選擇十二點半後過去。

來到かもがわカフェ首先一定要有心理準備，就是這裡真的看不見鴨川，但是二樓經常將那藍、黃玻璃的格子大窗敞開，讓掠過鴨川的涼風吹入非常舒服。

是以家具倉庫改建的咖啡屋空間，喜歡那自由不拘束的氛圍，喜歡高天井，喜歡任意擺放的觀葉植物，當然更喜歡的是這裡好吃的幸福家常風味午餐。明明是一個帶著些自由人文風的男子氣質自家烘焙咖啡屋，怎麼會有著這樣像是溫柔女子料理出的美味午餐，至今還是不能理解。

京都的美好咖啡屋很多很多，每回都想嘗鮮想要有新體驗，但在追求新據點同時像是かもがわカフェ這樣的咖啡屋依然會忍不住一來再來。

被吸引的正是待在裡面自在舒服，有自然風、自然光，有好聽的音樂、書架上總有本適合當時心情閱讀的雜誌，同時咖啡真的好喝、午餐真的好吃的關係吧？

かもがわカフェ的一樓有不同風味的多國籍家具家飾二手店、雜貨屋和歐風繪本古書店，午餐後可以花

second spice

かもがわカフェ

些時間晃晃。

かもがわカェ
京都市上京区西二本木通荒神口下ル上生洲町 229-1
12:00 ~ 22:00，週四公休

離開かもがわカフェ後，Milly 多數會繼續走回荒神口通，繼續逛跟剛才不同的對街河原町通店面，其中那間「草星」是喜歡買些日本作家餐桌器皿、杯碗的人，一定會專程前去逛逛的小器屋。不過店主比較有個性，而且絕對不容許店內拍照，這點要有心理準備。較靠近丸太町通街口同樣是陶瓷小器屋的「second spice」，空間寬敞些、價位多樣些、老闆也隨和些（笑），於是也頗推薦去逛逛。

Milly 一眼看上 1,000 日圓兩只的茶花小皿，當做自己散步中的小小戰利品。

不會買太貴的器皿，只要合眼緣就好。買來放在日常的生活中，當做旅行記憶的片段收藏著。

兩個多小時的走走停停散步路徑，不是很大範圍的鴨川周邊路徑，卻有著多樣的表情可以一直保持好奇和雀躍的心情。

之後可以繼續走下鴨川畔或是走去不遠的京都御苑，旅行中有著散步心情是愉快的。

除了寬闊直行的「鴨川」「高野川」「上賀茂川」，京都市內還有著蜿蜒的「白川」和狹長的「高瀨川」。白川最美的是在祇園段落，大約就是從花見小路進去，三角地上寺廟辰巳大明神和辰巳橋的周邊區域。

這裡有緩緩流動的白川、風情的町家建築、石疊小路、華麗垂櫻，一整個就是京都情緒縮影，是取景京都的拍照好地點。

〃二〇一七年荒神口散步路徑〃

二〇一七年十一月底，再次被秋高氣爽好天氣誘惑，前去鴨川沿線愉悅散步。

這天週四是「かもがわカフェ」以及供應有外帶咖啡、好吃麵包屋「LAND」定休日，若是以往或會避開。但是丸太町、荒神口區域，每次前來都有新發現，不擔心缺乏引起好奇探訪的風味店家。像是位在荒神口「かもがわカフェ」巷弄入口，可以在中午享用溫柔女子餐食的咖啡屋「katte（カッテ）」、跟麵包屋「bonne volonte」同樣面向河原町位置，還多了讓台灣人倍感親切，可以吃到炸排骨飯、肉圓等台灣料理的「微風台南」、光是店頭就不由得停下腳步的人氣拉麵店「キラメキノトリ（KIRAMEKINOTORI）」、與讓人讚嘆居然可以將蔬果食品販售規劃得如此品味用心的青菜店「Annex」等等，那日則一心想去享用二〇一七年八月從東京渋谷移轉過來的「ME ME ME」早午餐。

在前去咖啡屋前，順路上先拜訪了由一乘寺書店「惠文社」前店長堀部篤史，於二〇一五年十一月開設的獨立書店「誠光社」。

堀部篤史就住在「誠光社」同棟樓上，據說如此在

誠光社

Annex

不受店租牽制的條件下，更能掌握書店理想方位。京都書店很多，獨立書店也不少，各自執著理念。「誠光社」的特色簡單來說，就是堀部篤史這人思維的延長線或是本身。

若以這角度來看，位在「かもがわカフェ」斜對角的美式風格咖啡屋「ME ME ME」，同樣具備獨特個人風格。光是聽有波蘭留學經驗店主詳細生動的餐點介紹，端詳不寬敞店內美式、古董、可愛元素混搭堆放，卻是每個角度都想拍照下來的品味裝潢，甚或是看見那以禮品包裝概念端出的三明治，都可窺看到店主的不尋常（笑）。

當隔壁男子點餐的顛覆想像三明治端上時，瞬間秒殺被震撼到，忍不住厚顏請求「可否拍照」。Milly點的是正統派，附上沙拉、濃湯、麵包與香腸的豐盛全日供應早餐「MEMEME BREAKFAST PLATE」。餐飲美味又隨處可見店主玩心，是在風雅京都偶而想換換風味的好推薦。

ME ME ME

誠光社
京都市上京区中町通丸太町上ル俵屋町 437
10:00 ~ 20:00（基本上無休、臨時狀況以網路告知）

ME ME ME
京都市上京区河原町通荒神口下ル上生洲町 210
8:00 ~ 18:00，週日公休

〃鴨川、上賀茂川野餐外帶篇〃

不說不知道京都其實是日本全國麵包消費最多的城市，理所當然遭遇美味麵包屋的機率偏高。Milly在有限京都麵包屋經驗下，會推薦位於西陣地區的「Le Petitmec（ル・プチメック）今出川本店」、吃過完全著迷上癮的老鋪街坊麵包屋「まるき製パン所」、下鴨神社旁的「ナカガワ小麥店（Nakagawa Komugiten）」、鞍馬口的「Tom Sawyer」。京都散策路途上，採買麵包當做隔日早餐是一種樂趣，遇上天氣好的日子沿路採買，選處川岸好風景位置野餐，

まるき製パン所

Le Petitmec 今出川本店

更是樂趣。

外帶菜餚最推薦的是「ナカガワ小麦店（nakakawa komugiten）」旁的「下鴨デリ（下鴨 Deli）」和由義大利餐廳主廚開設的歐風熟食鋪「SouZai 屋」。「SouZai 屋」兼具健康、有機、無添加的義大利菜色，擺放在餐盒內呈現小時尚 Feel。多人可選擇一千多日圓九種菜色綜合餐盒，一個人也有三種菜色 650 日圓的少量選擇。

Le Petitmec 今出川本店
京都市上京区今出川通大宮西入ル元北小路町 159
8:00 ~ 18:00，週一至週四公休

まるき製パン所
京都市下京区松原通堀川西入ル北門前町 740
6:30 ~ 20:00、週日假日 7:00 ~ 14:00，不定休

ナカガワ小麦店
京都市左京区下鴨松ノ木町 52-1
9:00 ~ 17:00，週一週二公休

ナカガワ小麦店

Tom Sawyer

下鴨デリ

SouZai 屋

Tom Sawyer
京都市北区紫野南舟岡町 72-17
7:00 ~ 19:00，週一公休

下鴨デリ
京都市左京区下鴨松ノ木町 51
11:00 ~ 19:30，週三公休

SouZai 屋
京都市上京区河原町通荒神口上ル宮垣町 80
11:00 ~ 21:00L.O，週二~ 18:00L.O，週三公休

祇園 cross 清水寺、八坂神社

多年前 Milly 曾住宿過八坂神社旁湯浴、料理都飄散柚子香氣的京都正統旅館「柚子屋旅館」。之後在日本新年期間住宿在八坂神社、知恩院旁，位在「古川町商店街」內的「宿はる家 Kyoto」，隔日於天未亮出發，經八坂神社、高台寺、二年坂、三年坂，來到晨曦中空靈飄渺中的清水寺高台。這過程實在療癒，彷彿身心都被洗滌。從此滯留京都期間，不論櫻花、新綠、楓紅，以及時而飄落細雪冬日，都會摸黑從旅宿出發，一路看著天空漸漸泛白，置身在有別於白日喧囂熱鬧，幽靜古雅的清水寺「日常素顏」路徑中。

所以當從訂房網路瞥見，一間位在清水寺下、房間均有八坂塔（八坂五重塔）風景的「ホテル 京都八坂」即將於二〇一七年十一月底開幕，就怎麼都想還就日期住宿。畢竟住宿在此就能擬日常的擁有清水

寺、高台寺、石塀小路、二年坂的晨昏暮色。更何況這還是一間將水泥公寓改建，工業設計風的另類精品 HOTEL。

入住那日「ホテル 京都八坂」開張還未滿一週，拖著行李走上八坂坡，站在這旅宿前時，還是很難想像在這世界遺產、古老建築密布的區域，居然存在這樣的極簡建築。

當初看見旅舍介紹，沒多想就預約，全因這旅宿的地點，還有就是明明位在清水寺下建築設限區，HOTEL 卻是水泥公寓這特異性與房間工業風概念下的時尚設計給吸引。後來聽工作人員說，這建築是在高度禁建法令前留存下來，成為該區罕見水泥高層公寓建築。住宿樓層設定為一樓「Green」、二樓「Folk Handicraft」、三樓「Art」。

Milly 住宿的三樓 301 號房，據知跟 302 號房同為這 HOTEL 看去八坂塔最佳的高度與角度。說來也真的很奢侈呢，即使躺在床上、坐在書桌打電腦都能有八坂塔為窗景的住家還真罕見。房間除了視野外，

舉凡衣架、電燈開關、黃銅水龍頭、鐵花燈罩，都有著讓人驚喜的設計巧思。裸牆上藝術攝影師野村浩的〈EYES〉系列作品、桌上的和風意境草木插花，刻意保留的殘舊公寓房門，看似衝突確意外的融合。最特別的還有置放盥洗用具，寫著「御支度」的木箱。打開桐木茶箱的過程，彷彿在拆禮物盒一般。

ホテル 京都八坂
rchotelkyoto.com

入宿「ホテル 京都八坂」先是在黃昏時分由工作人員帶著，前去頂樓眺望暮色中的八坂塔風景，之後就在觀光客人潮退，散步於幽暗中透著點點昏黃燈火的寧靜石塀小路、高台寺、清水寺，相對輕鬆的進入星巴克以百年京町家改建，可以脫鞋坐在塌塌米喝咖啡的「星巴克京都二年坂（二寧坂）店」。

本期望能在「AWOMB 祇園八坂」吃晚餐，可惜當晚預約滿座。就改為一路從石塀小路走去八坂神社，

選在八坂神社山門斜對角巷弄口，可以吃到台灣、越南、泰國料理，二〇一七年三月開店，由年輕兩女子掌廚，外觀內裝呈現清新異國雜貨風的亞洲食堂「たけふさ（TAKEFUSA）」，以白酒配上加入台式醬菜涼拌的鮪魚、越南春捲小酌用餐。

たけふさ
京都市東山区祇園町北側 323 祇園会館南側 1F
11:30 ~ 14:30L.O、18:00 ~ 22:00L.O，不定休

隔日自然不會放棄清晨清水寺境內與二年、三年坂的散步，晨光下只有三三兩兩早起拍照、漫步的人，在坡道上安靜交錯，彼此口中輕輕說聲：Good Morning。

早餐已預計在「菊しんコーヒー（KIKUSHIN COFFEE）」，只是店前總是排著長長隊伍的「% ARABICA Kyoto Higashiyama」就在旅宿的咫尺之

間，怎能錯過這樣絕佳條件，於是先在「% ARABICA Kyoto Higashiyama」開店八點同時，作為第一個客人進去，點了杯拿鐵享用。悠閒邊看著冠軍咖啡吧檯手山口純一先生，精準熟練的為接連進店來自世界旅人沖調咖啡。

之後前往與「% ARABICA Kyoto Higashiyama」相隔兩條小巷弄，二〇一七年五月開店的「菊しんコーヒ」。小小的咖啡店，窄小到店主若要收拾櫃檯旁桌子，還須從櫃檯後方空間走出店外才能走入店內。

或因周遭均是老屋住宅，即使店主是文青氣質的年輕男子，咖啡店竟有些街坊飲食店風味。就讀藝術大學的店主原來也是音樂人，所以店內常有音樂相關人士出沒。500日圓烤吐司早餐，除以サイフォン（虹吸式）花時間沖泡的咖啡外，還附上果菜汁。但Milly怎麼都想吃檸檬吐司（レモントースト），就捨棄這超值早餐，以500日圓單點檸檬吐司，再單點咖啡。檸檬吐司之外還有蘋果吐司，都是以自家釀製檸檬、蘋果酒中的果肉製作，吐司則是採用元田中麵包屋「ポ

菊しんコーヒー

エット（poet）」。酸中帶甜清爽風味的烤吐司，切著恰到好處入口的 SIZE，非常好吃。

在這裡喝咖啡吃早餐，自然而然就被店內氛圍感染的和緩放鬆著。更愉快的是經驗是，透過櫃檯貼近觀看，店主專心沖一杯咖啡與計算吐司切口的認真姿態。

% ARABICA Kyoto Higashiyama
京都市東山區星野町 87-5
8:00 ~ 18:00

菊しんコーヒー
京都市東山区下弁天町 61-11
8:00 ~ 18:00，週日公休

附近質感兼具風味的認真咖啡屋早餐，還有九點開店，靠近東山五条交口，河井寛次郎紀念館旁，「市川屋咖啡」的雞蛋三明治早餐。以及位在清水寺五条周邊，九點開店的音樂咖啡店「Café Violon」，附上沙拉、優格、煮蛋，每份以單點咖啡飲料計價的細緻早餐。

〃祇園的美食規格〃

祇園是八坂神社的門前町以京都花街發展繁盛，更是海外觀光客好奇但又怯於深入的區域。Milly在一次次的京都往返中，總是好像踏入了祇園繁華中，卻又好像依然沾不到一些邊。在這裡吃過午飯、吃過套餐、吃過甜品，但祇園還是像一個看似和善有禮卻依然高傲難以親近的女子一樣。

不過也罷，這樣就好！一個失去了高傲只剩下諂媚的祇園，是完全沒有魅力的。

抱著這樣的心境走入祇園，踏著石板路朝著「歌舞連場」「建仁寺」方向走去。

之後走入沒有出口路地中，掀開暖帘進去隔絕喧囂的寂靜京風咖啡屋「NITI」，想躲去那炙熱更為了要吃那絕品的刨冰。

刨冰的名稱是「淡雪（AWAYUKI）」，是不是好美的名字，真不愧是京都。取名為淡雪是因為那由日光

「冰職人」製作出天然冰刨出的冰有如雪花一般的輕柔，瞬間就在口中融化。口味有抹茶、有季節水果，Milly 那天吃的是店員特別推薦的季節限定布丁口味，因為這樣以天然冰刨出的冰品吃後不會頭痛，也不會有過於冰冷的問題因此是全年供應的，意外的是京都有不少這樣全年提供刨冰的咖啡屋。

NITI 一份連模樣都很優雅的刨冰「淡雪」要 1200 日圓（相當台幣 300 多元），這價位可能會讓不少人驚訝，幾乎是一個不錯午餐的價位，而且在台灣一碗可以選四種料的刨冰40元就足夠了。

居然只是一碗刨冰，不過是一碗刨冰！

可是這可不只是一碗刨冰，放入刨冰機上天然冰塊非常的透明剔透。由日光製冰老鋪「德次郎」第四代，延續古法以大自然氣溫一點點一日日的結冰做出的天然冰。是品質保證的極品珍貴冰塊，用價錢來衡量未免俗氣，可是對於日本人來說，或許這價錢正是對這老鋪天然冰的敬意和肯定。Milly 會不會以為很貴？當然會以為有些貴（笑），不過真的是好好吃的刨冰，超越了從小到大的印象。冰本身就是主角，吃過回味無窮以為是值得的。

一進入NITI已經是感覺清涼，不單單是來自冷氣的涼意，是那空間的顏色、氛圍、光影、季節擺設，讓人放鬆和緩起來，或許可以說是意境的清涼吧。

空間設計是辻村久信，在日本各地有不少將由他設計的淡雅中個性空間，像是去過的三条「喫茶葦島」、東京車站內的蕎麥屋「為治郎」等等。

NITI保有了京都茶屋的特性，同時置入屬於現在的美學。一樓有可以看見雅緻庭園的櫃檯座、包廂和桌位，二樓也有可以俯瞰庭院的桌位。若是分類或許可以歸納為「和摩登」的設計風空間，可是這和摩登卻沒有一絲譁眾取寵的拙劣意圖，反而是處處窺看到讓人折服的京都特有美意識。

能這樣在空間飄散著優雅風情，位在祇園花見小路的「NITI」吃冰避暑，自己都有些飄飄然的以為自己真是「大人」了，正沉浸在大人的京都醍醐味中。

除了冰品外NITI主要還是提供著老鋪永谷宗園茶店的煎茶，配上桂飴養老亭的水飴製成的摩登和風涼品。京都過了五月中葵季後進入了短暫的淡季，店內除了Milly就只有同樣坐在櫃檯座位的一個男子，悠然時光更讓人紓緩著。

正因為太沉浸其中，當知道原來NITI白天是咖啡屋，晚上居然轉身成為大人風情的BAR時，就毫不猶豫的該說是帶著雀躍的，立刻跟店員預約了當天晚上的四人位置，Milly加上當時同在京都旅行的三位朋友，期待能更幸福的體驗另一個面貌的「NITI」。

果然晚上跟白天還真的是兩種表情，比較簡單的比喻是「NITI」白天是還帶著些純真的「舞妓」、晚上就已經是成熟風韻的「藝妓」。

實際上本來白天很喜歡的櫃檯座，當晚被兩位中年男子和穿著優雅和服的風韻女士獨佔，開著香檳、紅酒，搖晃著手上的酒杯，愉悅的暢談著，在幽暗的燈光下，彷彿窺看到京都風流的大人世界。

Milly 一行四人則在柔和昏黃燈光的嫩綠色沙發座坐下，在悠揚音樂中各點了一杯雞尾酒、一個綜合前菜盤和一人份的精緻義大利麵。看看菜單的價位，真的沒有多大的氣魄可以毫不在乎的點餐。買單後一張紙上寫著 1,4850 日圓，沒有明細是祇園的流儀？哈哈！真是一次很不錯的祇園夜間價位的小小震撼教育。

當然能這樣在一天之中，充分享用了自然光和夜間燈火下兩種面貌一樣迷人的 NITI 風情，真是很幸福又奢侈的事情。

NITI
京都市東山区祇園町南側 570-8
cafe11:00 ~ 18:00、週三公休，bar19:00 ~凌晨 2:00，不定休

如果喜歡洗練和風摩登空間，在祇園可在 NITI 和 OKU 兩者間擇一。

OKU 和風咖啡屋由位在京都鞍馬山北邊市郊花脊，以摘草料理和山野宿泊知名的野草一味庵「美山莊」

所企劃。美山莊將山野自然借景到祇園巷弄內的 OKU 咖啡屋內，一樓客席有以花脊清流為意境的坪庭，桌子是花脊山林的杉木製作。

Milly 第一回進來 OKU 是在日本新年假期中，期間只提供甜點沒有餐食。選了可以看見坪庭的座位，點一份光是視覺就讓人大大驚豔的 1,900 日圓抹茶パフェ（抹茶聖代）。將抹茶冰淇淋、抹茶慕斯、紅豆、黑糖寒天、白色糯米丸子，如藝術品般的堆疊在一個玻璃杯空間內，幾乎讓人不捨得破壞那模樣，明明不過是一杯聖代，在京都卻可以如此的典雅。抹茶隱約苦澀融入細緻的甜味，真好吃。

第二次再來 OKU 自然就是之前未能品嘗到的 2800 日圓的おばんざい摘草料理午餐套餐，若以為這樣的價位一定端出來都是雞鴨魚肉豪華套餐那誤解就大了，畢竟是所謂的京都家常菜＋摘草料理的套餐，菜色豐富但是模樣卻是樸實的。講究的是當令食材和從高湯萃取開始，每一個步驟都不妥協的料理功夫。

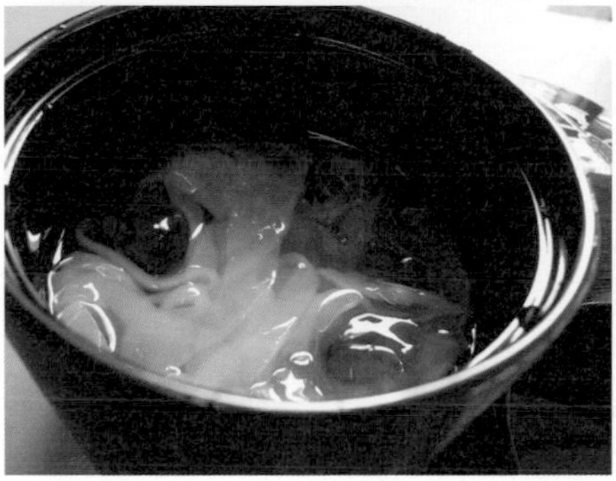

二〇一二年六月，OKU 再次挑戰新視野，將店名改為「和バル OKU」。一樓空間居然多了可以站著喝酒吃下酒菜的「立食 BAR」，就是說或許 Milly 要第三次前來，才能充分的感受到 OKU 不同樣貌的魅力。

和バル OKU
京都市東山区祇園町南側 570-119
午餐 11:30～14:30L.O、cafe 14:30～17:00、17:00～21:00，週二公休

真的不知道在京都經過了多少次老鋪京菓子屋「鍵善良屋」，看了幾次那顏色深沉低調卻又難掩氣派的暖簾。終於在初夏炎熱午後掀開暖簾進去，在店面裡側面對坪庭的茶房，吃當店限定 900 日圓的透涼吉野葛「葛切（くずきり）」。

店員先送上茶，配上鍵善良屋菊花模樣招牌和三盆干菓子「菊壽糖」，在店內購買的話二十個是 660 日圓，據說這菊壽糖是創業同時就有的干菓子。

之後等了大約五～六分鐘，葛切以古典的雙層漆盒（輪島塗りの器）端出。器皿架勢果然不同，不愧是江戶中期享保年間創業超過三百年歷史的老鋪。掀開印有鍵善良屋圖案的蓋子，看見以冰塊冰水冰鎮的葛切，那透明感光是看著已經是一陣清涼。下一層則是黑蜜，黑蜜以殘照間黑糖製作（也可以選擇白蜜）。吃的時候用筷子夾起透涼爽口的葛切，沾滑一下黑蜜來吃。葛切「su」的一聲就滑入口中，先是滲入身體的清涼感，然後葛切Q彈的口感接著浮現。黑蜜高雅的適度甜度，不會搶去葛切的鋒頭又提了味，真是絕妙的甜品。那不過是以水加上葛粉製作的葛條，怎麼可以這樣好吃呢！明明是單純的滋味，卻意外的讓人上癮，才剛剛吃過就會想下回來到一定要再來吃。

葛切都是點餐後現做，能在店內吃到著這絕品清涼葛切的，只有在這本店和高台寺店。在京都每當吃到這樣數百年傳承下來的好吃甜品，就更加認定能在京都漫遊真好。

而這樣維繫著數百年味覺不變的老鋪鍵善良屋，在二〇一二年十一月推出了讓人完全跌破眼鏡的嶄新店面「ZEN」，光是用了這完全讓人無法聯想的英文店名，已經是大膽的嘗試吧。

將祇園南側原來是醫院的舊樓改建，有兩個不同的入口，一個入口是進去以摩登的玻璃鐘罩蓋住和風干菓子的「鍵善良屋祇園南店」，另一個入口則是進去裝潢低調典雅的咖啡屋空間「ZEN CAFE」。Milly是在一個雨天路經這外觀像是藝廊的建築，看了店名知道是咖啡屋空間，就進去躲雨兼小歇，意外的體驗了老鋪的精采新空間。

更幸運的是因為雨天，開張還不到半年又位處巷弄深處的ZEN CAFE內，就只有Milly一個早來的客人，可以獨自享用那彷如文人雅士品味居家的空間。

屋外的陰雨讓室內的柔和光線更加溫馨著，空間內飄散著隱約的大提琴樂音，選了書架旁的沙發座，點了季節創意和風菓子配上咖啡。這時才忽然領悟，原來店名取為「ZEN」正是「禪」的意思，這樣的空間

的確是有讓人有置身於現實時空之上的悠然禪意呢。

店內的家具都選得高雅有格調、咖啡點心的器皿也見品味。原來咖啡屋使用的器皿，多來自同樓層二樓的器皿藝廊「昂」。

在享用了美好的雨中小歇時光後，還可以上去二樓的「昂」逛逛，到一旁的鍵善良屋祇園南店觀賞有如美術品的新觀感老鋪創意點心。

鍵善良屋四条本店
京都市東山区祇園町北側 264
9:00 ~ 18:00，週一公休

ZEN CAFE
京都市東山区祇園町南側 570-210
11:00 ~ 18:00，週一公休

十文堂

〃京都小甜蜜滋味〃

有說祇園是京都和風甜品的一級戰區，除了祇園外京都不論走到哪裡也都可以找到一兩間，緬懷美好過去的京都老鋪菓子屋。

這些老鋪近年來紛紛企劃了新視野新觀念，不論是建築或是空間、餐點呈現都讓人耳目一新的咖啡屋空間，例如虎屋的「TORAYA CAFE」、本店內的「虎屋菓寮」，老鋪「笹屋伊織」企劃的「café IORI」「SASAYA IORI+」、前面提到鍵善良屋的 ZEN CAFE 等等。

除了老鋪不斷的推出銜接現代的創新創意店，一些在巷弄、大街角落的甜品鋪也是女子在京都可以簡單尋獲的小確幸。

「十文堂」是間以外帶為主，也可以在店內空間小歇享受的京風烤糯米丸子小鋪。十文是十文錢的十文，在一七〇八年十文錢鑄造的年月中，一盤烤糯米丸子是十文錢於是以此命名。

這裡的糯米丸子是以Y字狀的細竹籤，左右各串上六粒小小的糯米丸子。糯米丸子做得彷彿一串鈴鐺，彷如寺廟巫女手上的「神樂鈴」，因此也寓意著可以帶來幸福。是不是真的會帶來什麼實質的幸福無法證實，只是用黑色托盤端上放在一個個可愛小碟子上的650日圓「団樂（綜合糯米丸子）」，卻真的是讓人還沒入口就心情大好的幸福起來。

除了放入芝麻的黑色糯米丸子外，口味就是以裹上的醬料而不同。單一口味必須以五串為單位點餐。五種口味的綜合糯米丸子，有京都白味噌口味、包上海苔吃的醬油口味、放上北海道紅豆泥的、灑上黑七味粉的、沾上黃豆粉的。

糯米丸子本身意外的鬆軟，是很輕巧的點心。整體來說一般對於醬油炙り団子（碳烤醬油糯米丸子），以往多停留在老太太小鋪印象，十文堂卻是將糯米丸子印象提昇，以設計風來包裝又將尺寸縮小，讓傳統的糯米丸子變成了時尚的新食感小點心。

除了炙り団子店內另一個主力商品是做成鈴鐺模樣的「最中」點心，甜品則有糯米丸子抹茶聖代、糯米丸子紅豆湯等等。

十文堂
京都市東山区東大路通八坂通下ル玉水町76
11:00～18:00（17:30L.O），週三週四公休

沒看MENU就點了あんみつ（蜜豆），一方面本來就是大大的あんみつ愛好者，何況這間位在出柳町站周邊，巴士站「河原町今出川」旁的甘味屋最招牌的也是あんみつ。暖帘上大大的字樣是あんみつ，店名可不是あんみつ，而是在下角小小字樣「みつばち（MITSUBACHI）」，蜜蜂。

選了600日圓淋上黑蜜的寒天糯米丸子蜜豆冰，あんみつ的あん是紅豆餡、みつ是蜜糖水，顯然紅豆和蜜汁是主角，但對Milly來說白玉（糯米丸子）才是主角，因此一定會點加了白玉的蜜豆冰。

みつばち

みつばち的蜜豆冰材料講究，黑蜜是以沖繩波照間島產黑糖熬煮不會太甜膩，寒天也就是我們說的洋菜凍，是以千葉縣千倉採收的洋菜，吃起來有微妙的彈度，裹上黑糖蜜汁來吃依然清爽。紅豆是北海道產，另外一粒粒稱為「赤えんどう豆（赤豆）」的豆子也是北海道產。不論是糯米丸子、紅豆餡都是自慢的自家製，點了 MENU 上任何一個甜品還可以追加配料，例如喜歡糯米丸子，追加 100 日圓就可以多放入三粒糯米丸子。

簡單但是好滋味，正是和風蜜豆冰讓人著迷的秘訣，加上みつばち的蜜豆冰使用的黑蜜不會過於甜膩，更是讓人吃了小小上癮起來。

みつばち
京都市上京区河原町今出川下ル梶井町 448-60
11:00～18:00，週日週一公休

來到錦市場周邊、觀光客往來頻繁的三条寺町通上，

甘党茶屋 梅園 三条寺町

於二〇一一年七月出現了一間昭和二年（一九二七年）創業「梅屋」的第五間分店「甘党茶屋 梅園 三条寺町」。

或許是位置太優，更可能是只能在這裡享用的限定甜品風評太好，九月前來時好幾回經過，店前都排著長長隊伍。正因如此，十一月底滯留京都期間，偶然於陰雨天的午後經過，居然～店前沒人排隊，機不可失，不多考慮就推門進去。不愧是人氣店，即使入內還是必須跟人併桌，不過也因此終於消解了好奇心，品嘗到果然不枉費人氣，清新樣式裝盤，帶著昭和傳統風情的老舖「梅園」自慢甜品。

Milly點的甜品組合有「梅園」名物的長方形みたらし団子（糯米丸子串）、鬆軟的蕨餅（わらび餅）、黒蜜あんみつ（黑蜜蜜豆）與季節限定的澀皮栗子（栗の渋皮煮）。如此菁華組合不過是880日圓，每樣甜品又都精緻美味，看來人氣勢必會持續一段時日，夏日期間要吃那放入わらび餅的抹茶刨冰或許要付出更多的排隊耐力。

甘党茶屋 梅園 三条寺町
京都市中京区天性寺前町 526
10:30 ~ 19:30

「鳥の木珈琲（トリノキコーヒー）」對於咖啡豆與沖泡過程的講究很徹底，進去小小的咖啡店內的確也很幸福的沉浸在咖啡香中。但是前往位在地鐵丸太町站周邊，往昔為家具店密集區夷川通東洞院的這間喫茶店，更大期待是以美味頑固咖啡，來享用那以島根湯町窯燒製陶器端上的極品濃郁布丁。

完全是 Milly 偏愛，有些紮實硬度、蛋香濃郁，也就是昔日風的布丁。若不是每個步驟、每樣食材堅持，即使看似簡單樸實的布丁，就不會有如此風味。「鳥の木珈琲」的用心堅持，在咖啡在餐食在布丁都可以窺看到。正因如此用心，為維護這店內長久以來的舒適氛圍，店主不接受五名以上的團體客人入內，也期望不要在店內打電話、長時間使用電腦。

鳥の木珈琲
京都市中京区夷川通東洞院東入ル山中町 542
10:00 ~ 19:00，週三、每月第三個週日定休

ELEPHANT FACTORY COFFEE

〃將獨自一人的夜晚留給〃

習慣上不會將咖啡屋排在晚上，習慣上晚上是要留給小酌空間。

只是每回都錯過了前去的時機，直到預期短時間內不會再來京都，直到要離開京都的前一晚，才想再不去不行了暫且將習慣丟在一邊，在接近晚上九點的時間，在迷惑迷路後，在昏暗低沉的氣圍中，走進象工廠咖啡屋 ELEPHANT FACTORY COFFEE（エレファントファクトリー コーヒー）。

事後以為這樣拋開習慣的選擇是對的，畢竟比起白天、比起陽光下，這間咖啡似乎更適合隱密在黑夜中。時尚、可愛、摩登、復古、懷舊這些常出現在一間咖啡屋的形容詞，似乎都不適用在這間咖啡屋上。但又

不是那類專注在專業手沖技術、拉花功力，講究精品咖啡豆、農莊咖啡的咖啡專門店。真要定義或許可以說，這是一間展現空間、情緒和思維的咖啡屋，是喝完一杯店主嚴謹沖調咖啡後，會帶著一些留白記憶離開的哲學風咖啡屋。甚或是以為根本不該給這間咖啡屋定義，自己認為這該是間怎樣的咖啡屋，它就是怎樣的咖啡屋。

咖啡屋的店名ELEPHANT FACTORY COFFEE，據知是取自村上春樹的小說《象工場的HAPPY END》，如果村上春樹開了間咖啡屋或許就是這樣的模樣。

前去的那晚燈光壓得很低的店內，除了Milly之外就只有一位都會女子坐在吧檯前。刻意選了離咖啡吧檯最遠的角落位置，在點了一杯中烘焙的黑咖啡後，就嘗試以味覺、觸覺、嗅覺、聽覺來感受、聆聽這間咖啡屋發出的訊息。空間中流洩著似乎會被厚實牆面吸去的爵士樂音，空氣中隱約著香煙的味道，廢材木架上的泛黃古書本，鐵鏽窗框、厚實木桌、苦澀咖啡

和表情不多的店主。

一切都自然的融合著卻總以為有些什麼違合感，突然間一個意念浮現，「威士忌」！對的，這個空間與其說是咖啡屋，更像是男子想當成秘密基地的威士忌BAR，不是歡愉的威士忌BAR而是帶著些疲累的。是適合一個男子，一本書，一杯威士忌的空間，只是那杯金黃的威士忌換成了黑咖啡。

京都出生的店主畑啓人在東京的裝潢設計公司工作十年後，回到京都開了這間咖啡屋，有這樣的生涯背景就完全能可認同店內裝潢的品味。至於重點的咖啡則是店主在喝遍日本各地咖啡後，決定選用北海道美幌町福井先生的自家焙煎咖啡豆，是很男性強度的大地風咖啡滋味。

來到ELEPHANT FACTORY COFFEE咖啡屋，除了先斟酌一下自己心智年齡的沉實度也要考驗一下自己的堅持。因為真的不是很好尋找的位置，位置是京都巴士站牌「四条河原町」和「河原町三条」之間的

蛸薬師通，當你以為怎麼可能會在這裡時，一個轉身發現一間小寺廟岬神社（土佐稻荷），從寺廟面對的陰暗小巷弄不要遲疑的勇敢向前，就會看見那隻大象 LOGO 的咖啡屋。

ELEPHANT FACTORY COFFEE
京都市中京区蛸薬師通木屋町東入ル備前島町 309-4 2F
13:00～凌晨 1:00、週四定休

住宿「ホテル 京都八坂」那晚，不捨得就這樣早早入睡，於是徘徊在花見小路、祇園的路地巷弄間，單單想沉浸在京都蕭瑟僻靜夜色中。接近十點，走著走著，即將走去建仁寺時，忽被眼前高掛「人生を変える（改變人生）本屋」標語的京町家格式書店給吸引，不自覺就拉門進去。書店內幾乎是無聲的，時光彷彿停滯，有人安靜翻閱手上書本、有人在附設咖啡座喝酒沉思中、有人埋首於網路上工作。

二〇一七年一月開店的「天狼院書店」以「READING

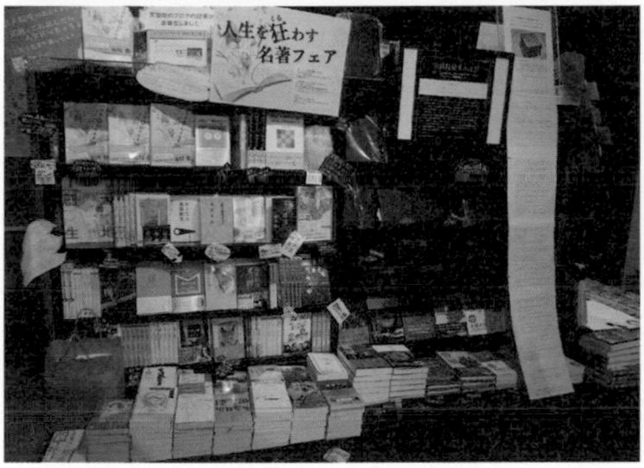

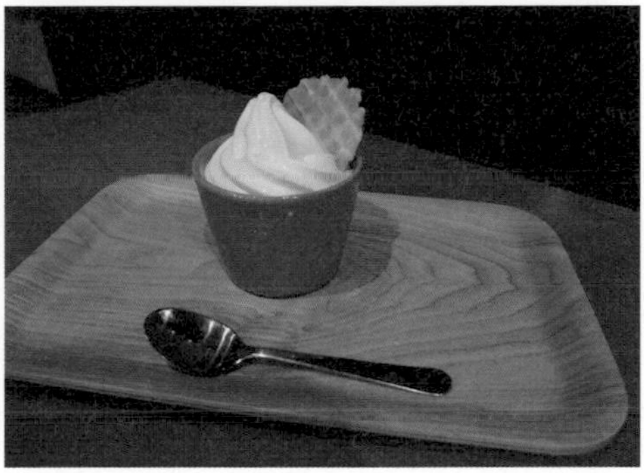

LIFE」為宗旨，本店設在東京，京都分店以二樓京町家改造，透過職人保留著和室、緣側格局，是若非京都無從存在，舞妓與花街大老自然出沒的書店。

因為是京都於是不同。京都本身就是無法抗拒的品牌保證。

白日黑夜、春夏秋冬，不同時日來到京都，都可能會因未知的邂逅，改變次日來到京都時的心境與視野。

天狼院書店
京都市東山区博多町 112-5
10:00 ~ 22:00

Part 3

以京都悠然步調出發小旅行

帶著雀躍的期待，向總是美好的京都前去。然後以帶著在京都旅行中的悠然情緒，出發往周邊緩緩小旅行，不是京都不充分而是想更任性的寵愛自己，讓來自旅行的幸福更多更多。

FROM 京都 TO 奈良

從京都去奈良，可以搭乘「ＪＲみやこ路快速」，車費 710 日圓，車程四十五分鐘。或可從ＪＲ京都車站八条口搭乘近鐵急行列車前往，車費 620 日圓，車程一樣是四十五分鐘上下。搭乘近鐵特急就更快只需要三十五分鐘，不過就要加上 510 日圓的特急料金。「近鐵奈良站」和「ＪＲ奈良車站」彼此距離十五分鐘的腳程。統計上利用近鐵奈良站進入的遊客比ＪＲ奈良站的人數幾乎多出一倍，因為近鐵奈良站較貼近市中心區。Milly 個人則還是喜歡從ＪＲ奈良進出，較喜歡周邊的寬敞和潔淨感。

如果除了奈良市中心區還要去近郊小旅行，近鐵有發售包含京都、大阪出發至奈良區間的往返車票「奈良世界遺産フリーきっぷ（奈良・斑鳩・吉野區間）」，一日券為 1,500 日圓，二日券為 2,000 日圓，可以讓行動力倍增。

ABOUT 奈良

因為是大人的旅行，於是一些路線就以計程車為移動方式，交通費用可能會多一些，卻可以更悠然的步調看見奈良更深入的地方、真正隱藏的魅力。

奈良的美好不光是東大寺、春日大社，還有許多讓人雀躍的隱藏在巷弄、住宅區內的美好消費店家。以往的印象會主觀認為奈良偏重觀光，個性小旅行路徑似乎不多。首次以緩慢的步調親近，發現奈良有著不輸給京都、鎌倉古都的細膩面。

以豐富性和便利性來看，奈良絕對是從京都出發的小旅行中最推薦的路徑，這次奈良市內小旅行範圍暫且集中在JR奈良站、近鐵奈良站周邊為主的「DOWN TOWN」城中區、主要觀光點的「東大寺周邊」、擁有六百畝自然公園綠地的「奈良公園」和雜貨屋、咖啡屋聚集的情緒老街「奈良町（ならまち）」為主。

擁有朱雀門的平城宮跡和世界遺產「藥師寺」地區，時間不充分只能捨棄，當然市郊的「吉野」「飛鳥」「斑鳩」也都只能留待下一趟的旅行。

奈良城中區：美食、名產、雜貨

二〇一〇年順應奈良平城遷都一千三百年紀念，JR奈良車站全面翻新同時將月台高架化。現在新站旁的「奈良市総合観光案内所」是原來奈良舊車站建築，據說改建時為了要保存古雅風貌舊車站，於是不採取全面拆除的動作，而是每天一點一點的移到右側位置上。

新站大堂的天花板是格子天井，粗大的柱子使用的是奈良特有的吉野木。外牆是漸層的粉藍淺綠粉紅，所謂一種符合奈良印象的「青丹よし」呈現。「青丹よし」出自和歌，青是藍色代表寺廟、丹是紅色代表建築的柱子，用來歌頌平城的興盛，簡單說「青丹よし」就等於是奈良啦。

順便一提，以奈良為故事舞台的日劇《鹿男》，原創小說書名正是《鹿男あをによし》，あをによし寫

成漢字就是「青丹よし」。

三層樓明亮光鮮的新站建築，三樓是乘車月台，二樓是車站業務設施和多間店面，一樓則是VIERRA NARA和飲食空間，二樓和一樓的消費商業空間均涵蓋在「VIERRA NARA」商場之下。

ＪＲ奈良車站內的VIERRA NARA有可以吃到吉野葛切的「天極堂」，有可以購買印有大佛、小鹿罐蓋布丁的「まほろば大仏プリン本舗」，Milly推薦的是奈良柿子專門店「柿の專門」。

〃柿の專門ＪＲ奈良店〃

很佩服日本人包裝「傳統」的功力，尤其是看到像「柿の專門」（原店名かきいろ）這樣的主題店那感受又更深一層。不過是賣柿子乾、柿子口味點心，怎麼可以將氣度、架勢擺得如此淡雅又時尚。

店鋪是一面白色布幔，店員衣服也是白棉布，一切

柿の専門
JR 奈良店

都是為了襯托那柿子顏色。

那些柿子和風點心「最中餅」「柿羊羹」「柿子乾」「柿果凍」……被端端正正擺放在奈良特有的吉野杉木盒、木架上，可能全世界的柿子們都希望有一天，可以這樣被看重的做成如此高尚點心。

Milly 買了六片切的「柿日和（ひより）」，看似柿子乾一口吃下去卻依然有些許水果的濕潤，同時帶著濃郁的果肉香。另外那以一整粒保留了枝幹的「鄉愁の柿」也很特別，是在風乾後的法連坊柿中放入栗子餡，不過就稍嫌太貴一粒居然要 270 日圓。不過「柿日和」也沒有太便宜呢。

號稱御菓子原點的柿子跟奈良有著深厚的關聯，只是為什麼是柿子呢？

問了計程車司機，只說：「是從以前就種了很多柿子樹喔！」奈良柿子產區在西吉野，產量是日本第二（第一是和歌山市），以「種柿子」的後繼者最多而自豪，縣內設有外觀就是柿子的「柿博物館」。

西出奈良漬本舖

倒是說起那奈良一定會想起「柿の葉寿司」，以柿子葉包住的壓壽司。柿子葉較軟又有殺菌作用，自古就被利用來保存食物。柿葉壽司同時是和歌山鄉土料理，但大家卻認定柿葉壽司是奈良名物。

柿の専門ＪＲ奈良店
奈良市三条本町 1-1 VIERRA NARA 2F
10:00 ~ 21:00

〃西出奈良漬本舖〃

離開ＪＲ奈良車站後沿著站前大馬路「三条通」往「猿沢の池」方向前進，首先會在右手邊看見一間明亮時尚的奈良漬專賣店「西出奈良漬本舖」。

奈良名物奈良漬是將黃瓜、西瓜、茄子、蘿蔔、生薑等蔬果用鹽、酒糟多次醃製而成的醬菜。本來看那黑黑圓圓的醃製物，一度以為是蓮藕什麼的，後來一問才知道是西瓜，很難想像那是什麼滋味。不過別看

店面很新就以為這是新開的商店，原來西出奈良漬本舗可是大正三年創業（一九一四年）的百年老鋪，二〇一二年七月全面翻修重新裝潢，之後不單是店內煥然一新，連商品的包裝也設計風起來。

除了奈良漬，店內還販售吉野葛餅、柿子點心和放入木箱的特製三輪素麵，就是說想得出的奈良名物特產這裡都買得到。

西出奈良漬本舗
奈良市三条町 483
9:30 ~ 20:30

繼續沿著三条通前進來到「上三条町」，也就是三条通和やすらきの道的交差點。從やすらきの道可以一路通往近鐵奈良站，沿路有很多新開的咖啡屋。在這交叉點上掛著大大奈良漬招牌的老建築是「今西商店」，在這裡可以買到號稱製造過程最純正的黑色奈良漬，醃製過程最長甚至花費了十四年。

離開今西商店繼續沿著三条通走去，接著就算是進入三条通最熱鬧，最多畢業旅行學生出沒，最多名產店的路段。

其中「中谷堂」前經常有著排隊人潮，尤其是當店內開始表演搗麻糬的時候。

中谷堂的店員曾經得到電視冠軍大賽的高速搗麻糬冠軍，於是高速搗麻糬就成了這條街上頻繁演出的免費表演。

看完精采表演大家感動之餘，就會很自動排隊買那130日圓，包著紅豆餡的現做鬆軟麻糬「よもぎ餅」。原先還以為這不過是一個耍花招的名產點，可是麻糬還真的不錯吃。Milly是從三条通一路走過來，如果是從近鐵奈良站走過來，就是從東向商店街一路走到底的三条通位置上。

在前往「遊中川」前，先去世界遺產興福寺瞻仰被稱為奈良第一美少年的「阿修羅像」。阿修羅像位在興福寺國寶館內，二〇〇九年曾經移至東京上野國立博物館展覽，兩個月的展覽期間統計有超過九十五萬人入館觀看，創下開館以來同一展覽最多的入場人次。除了國寶館，興福寺的五重塔更是奈良的象徵地標，從種植著垂柳的猿沢池拍過來是最美的角度。

在奈良迎向二〇一〇年平城遷都一千三百年的同時，興福寺也一起迎向創建一千三百年紀念。興福寺是奈良時代的四大寺之一，據說原本的規模比現存規模大很多。目前最主要的「中金堂」在大改建，計畫在二〇一八年十月完工。

Milly前去剛好遇上興福寺內的「南圓堂」「北圓堂」慶賀建構一千兩百年紀念，在四月十二日~六月二日期間特別開帳，可以入內觀看珍貴的國寶佛像「不空羂索觀音」。

是難得一次的特別開帳，原本一年中「南圓堂」只在十月十七日會開帳，只是對於校外旅行中的小學生來說，來到興福寺郊遊那些長了長角的公鹿似乎比國寶佛像更吸引。

〃遊中川本店〃

株式会社中川政七商店創業於享保元年（一七一六年），本業是手紡麻織布。進入現代後在持續本業同時，更推出自創品牌「遊中川」「粋更kisara」和「中川政七商店」。在迎向三十週年的契機下，「遊中川本店」經過了半年休店裝潢於二〇一三年四月重新開張。重新裝潢後低調黑木牆面、格子窗的店面外觀，光是看這門面已經被這老鋪的品味折服。

店內最顯眼的是櫃檯後面的布軸，質感、色澤都一流的麻布軸不但是店內裝潢的一部分，實際上也可以剪裁購入。在遊中川本店內可以買到有著鹿圖案限定版的「別針」「酒杯」，是遊中川和九谷燒「KUTANI SEAL」合作的創意商品。

在店內採購麻布和雜貨和奈良主題設計摩登生活小物外，還可以欣賞店內擺設的古董和古道具。

遊中川本店

原本頗為推薦、設立於後方的中川政七茶房，很可惜的於二〇一四年三月關閉，販售店鋪「遊中川本店」則維持原狀經營。

遊中川本店
奈良市元林院町31-1
10:00～18:30

〃ならっぷ（Nawrap）〃

回到もちいどのセンター街（餅飯殿商店街）後，往「奈良町」方向走去之後隨興轉入光明院町，這時一個飄逸的風景映入眼簾，綠意環繞的開放建築迎風飄揚著麻紗帘幕，原來是為宣揚奈良蚊帳染織傳統工藝和販售相關商品的「ならっぷ」。

奈良昔日是蚊帳最大製造地，一九三〇年創業的丸山商店也是其中一個製造商。當時蚊帳職人多達五十人以上，可是隨著時代演進蚊帳業面對產業衰退，丸

ならっぷ

山商店於是將體系改為丸山纖維產業公司，發展出以蚊帳染織製作的扇子、書套、便箋、筆記本等雜貨。

「ならっぷ」是丸山纖維產業公司的展示空間和販售店，店內蚊帳是一定有的，但更搶眼的是擺放了一大面牆，以蚊帳染織為素材跟奈良創意人合作的文庫本書套（ふすま地ブックカバー）。

ならっぷ
奈良市光明院町 5
10:00 ～ 19:00

〃二鶴〃

Milly 第二天晚上又來到了跟もちいどの商店街交會，有著椿井小學的椿井町街道，為了來吃五十年老鋪「二鶴」好滋味的雙色鰻魚飯。二鶴的外觀不甚起眼甚至還有些老舊，店內卻藏有超級好吃的鰻魚料理，本來以為是當地人私藏老店觀光客不會光顧，可是一

坐下老太太放上的菜單卻是英文、中文、韓文都有很國際化呢。

傳聞中的雙色鰻魚飯「二色丼」，是放上蒲燒和白燒兩種口味的烤鰻魚飯。兩種口味的鰻魚同樣肉質軟嫩帶著焦香但也擁有各自特色，蒲燒滋味濃郁白燒清淡吃得到鰻魚鮮甜。

二鶴由老夫婦兩人經營，養殖七個月肉質鬆軟的鰻魚是從浜松直送，好食材加上老店好技術，難怪可以如此美味。後來還加點了很好配酒的烤鰻魚肝，算是行家推薦的珍味料理。不過二鶴目前只提供午餐時段用餐，且僅提供丼飯菜單，外帶則可事先預約。

二鶴
奈良市椿井町51
11:00～14:30，週日公休

奈良町：町家、老街、咖啡屋

從近鐵奈良車站步行過去約十五分鐘的奈良町（ならまち），泛指奈良市中心街猿沢池以南，江戶末期以來保存下來的町家情緒老街地區。

不過奈良町不是在行政劃分下的區域命名，只是當時住在舊元興寺廣大腹地門前町內居民習慣性的通稱，甚至該說奈良町是御門町、中新屋町、脇戸町、勝南院町等區塊總合通稱。因此不同的日文導覽書會出現不同的定義範圍。如果由奈良町情報館發行的《奈良町散步地圖》來看，奈良町大致是南到「猿沢池」、北到「ならまち格子の家」、東到「今西家書院」、西到「奈良町からくりおもちゃ館」，範圍意外很廣幾乎佔了奈良市中心街的一大部分。

Milly 在奈良町散步沒有刻意在意地圖或是範圍，是

選擇先從住宿的奈良HOTEL搭乘計程車出發，來到老鋪「豆腐庵こんどう（豆腐庵近藤）」用午餐，午餐後以豆腐庵對面的奈良資料館為中心隨興的散步了一個午後時間。

奈良資料館周邊老街上的町家建築群內有風味雜貨屋、咖啡屋、甘味屋，是絕佳的散步路徑，跟興福寺周邊的商店街有著很明顯的區隔。

如是當日往返奈良建議前去的路徑是，從近鉄奈良駅出發先來到東向商店街，接著穿過三条通來到もちいどのセンター街（餅飯殿商店街），之後穿過下御門商店街，就進入了較精準界定的奈良町區域。

〃豆腐庵こんどう〃

Milly不是太偏食，不過說到不是那麼愛吃的食材大概就是豆腐了，因此推薦京都美食時多少心虛，畢竟都會避開京都特色的豆腐宴。可是這回來到奈良的第一個午餐，居然就是吃豆腐而且還是豆腐全餐，不要

說是朋友聽了訝異，連自己都有些不敢相信。只是這以契約栽培日本產黃豆、伊豆大島天然鹽滷做出的近藤手工豆腐料理套餐，還真是不錯吃。連不愛吃豆腐的Milly都說好吃的豆腐宴，對於愛吃豆腐的人來說應該是不容遲疑的超級好吃，這裡更是可以向吃素的旅人大大推薦的用餐空間。

以一百八十年風情歷史町家改裝的「豆腐庵近藤」是老鋪近藤豆腐店開設的餐廳，在等候入座的玄關可以看見懷舊的鞋箱、帳房和很少見的屋內電話亭，那懷舊不是裝潢而是建築本身孕育的風味。

豆腐套餐晚餐是4,725日圓起跳不太便宜，於是預約就會集中在2,000日圓就可以吃到的「雪套餐」午餐。透過奈良HOTEL櫃檯經理預約也只能預約到午餐的第二輪，等Milly一行人用餐完畢立刻又有一組人等待入座，可見是多麼人氣的豆腐餐廳。

雪套餐有豆漿、田樂烤豆腐、豆乳豆腐鍋、現撈豆腐皮和以豆腐為食材搭配上季節蔬菜做出的煎蛋捲、生麩、涼拌等豐盛菜餚。

豆腐庵こんどう

一餐中吃到這麼多豆腐對 Milly 來說還真是史無前例，那湯豆腐的甘甜滋味的確讓人印象深刻又感動，原來豆腐也是可以美味的。

午餐 3,200 日圓的「椿套餐」在豆腐餐方面大致相同，大約就是多了些素食一品料理，以為光是雪套餐已經充分豐盛。

在悠然氣氛的町家空間吃完了豐盛的豆腐宴走出來，剛好跟一組上海來的一家大小面對面，聽說他們可是排了兩天才等到預約，這餐豆腐宴就頓時更有了價值感。豆腐庵目前僅提供晚餐時段，午餐時段採期間限定營業，二〇一八年三～五月的週末及國定假日提供 2,500 日圓的午餐套餐（11:30 ~ 14:00），不論午餐晚餐，最好事先預約。

豆腐庵こんどう
奈良市西新屋町 44
17: 30 ~ 22:00（20:30 最後入店），週一、每月第一個週二公休

豆腐庵店前屋簷下垂吊著一串紅沙包，原來是一旁「庚申堂」避禍驅魔的御守「身代わり猿（替身猴）」，一大串是表示從大猴子到小猴子，藉以祈願一家平安。接著來到對面的奈良町資料館，跟櫃檯拿了奈良町的散步地圖後就以自己喜歡的主題散步去。

奈良町資料館入口也掛滿了身代わり猿，入內也可以買到這避禍驅魔的御守。參觀奈良町資料館會驚訝空間的寬廣和民俗文物、古董、佛像展示的豐富性，很難想像居然這還是私設的情報中心。原來是館長南哲郎的住宅，後來以私人的力量改裝提供收藏品，完成現在的資料館模樣，入場無料還全年無休。

〃心樹庵〃

心樹庵以九十年歷史的風雅民家改建，入口看見沉穩色澤的櫃檯，脫鞋上去的座敷空間可以眺望裡側和風坪庭。

可以茶咖啡屋、町家茶屋歸類的心樹庵，以提供來

心樹庵

自日本、中國、台灣將近百種的茗茶受到地方文藝人士喜歡。店主不單以能掌握每一個茶品的特色自豪，更講究泡茶的天然水，在嘗試了日本二十多處名水後，目前選用的是和歌山的「富田の水」及静岡的「諸子沢の水」。茶飲端上時會附上保溫水瓶、計時器和指導說明書，教導以多少時間沖泡第一泡～第三泡的茶水，然後細細聞香、品茗。

只是Milly對茶不是太能投入，只知道選擇的奈良大和紅茶很好喝，貪戀的則是茶屋內的悠然以及那好好吃的茶點柿子乾。

心樹庵
奈良市西新屋町 22
13:00～17:00（16:30L.O），週日週一與假日公休

離開心樹庵順著店前的小路往元興寺方向走去，也就是出了店門後左轉向前。一直順著不寬的道路通過「吟松蕎麥麵店」，之後進入芝突拔町，會先看見一

間老鋪「吉田蚊帳」公司，再過去一些是掛上蚊帳織布暖簾的藝廊「舍」，這百年建築內是吉田蚊帳本店，同時展示有以蚊帳織布做成的作品和販售雜貨。

吉田蚊帳對面是Milly下一個目標，奈良町人氣町家咖啡定食屋カナカナ（KANAKANA）的姊妹店「bolik coffee」。

〃 bolik coffee 〃

bolik coffee有著高天井的開放空間，提供咖啡、紅茶、糕點和巴西音樂。咖啡屋裡面還有間雜貨屋「Roro」，屋內擺放著俄羅斯和東歐系統雜貨，要購買雜貨必須進到小木屋內，很有趣的設計。

用餐時間有麵包、蛋包飯等輕食提供，跟有著町家外觀的本店カナカナ提供的純和風定食有所區隔。在氣氛上似乎也是不同風味的，bolik coffee較摩登走的是東歐、南美氣氛，カナカナ則是完全的和風情緒。

因為才喝了茶、天氣又熱於是沒慣例的喝拿鐵，改點有濃郁葡萄汁的碳酸飲料GRAPILLON（グラピヨン）。

送上的是冰得好透的GRAPILLON配上同樣很冰的酒杯，一口喝下去頓時全身清涼起來。GRAPILLON是瑞士生產，以義大利或南法種植可以釀酒的葡萄加上瑞士阿爾卑斯山的礦泉水製成，據說不能喝酒的阿拉伯國家，會以這無酒精的葡萄碳酸飲料，當做紅酒來品嘗。

二〇一五年三月bolik coffee搬家至「庚申堂」及「豆腐庵こんどう」旁位置，店內除販售東歐雜貨外，也定期舉辦插畫、陶藝、寫真等展覽。

bolik coffee
奈良市西新屋町40-1
11:00～19:00，週一週二公休

奈良町有不少風味的町家建築適合慢慢遊盪，像是貓咖啡屋「寧估庵」。同條街上還有集合了六間個性

上：藏馬工房，下：樫舍

寧估庵

派手作作家工房、附設有咖啡屋的「ならまち工房」（在奈良町又陸續開了兩處據點）、前面提到的定食咖啡「カナカナ」、古民家建築內的洋食屋「春」以及Milly出國前早打算前去，當時卻忘了前往的清酒春鹿酒藏「西清兵衛商店」。沒能前去想到就懊悔，因為這裡只要花上400日圓，就可以試喝五杯春鹿日本酒，同時還可以將自家設計，杯底刻有小鹿圖案的試飲酒杯帶回去。

返回奈良町資料館前可以先往元興寺、奈良町情報館方向走去，首先會看見一間很難不停下腳步窺看的「藏馬工房」，店門前放了密密麻麻的木製門牌、匾額等大大小小，各式各樣的板繪。如果光是看板工房就不值得大驚小怪，讓人流連的是這裡每一片板繪上都畫上了超級可愛的神氣胖貓，一臉跩跩的表情，每一個表情都好生動，可以看見繪畫者的玩心。

通過藏馬工房、奈良町情報館，穿越大馬路來到「中

糸季

院町」。在道路入口處是町家建築和菓子屋「樫舍」，在這裡除了可以吃到、買到季節的和風點心，還可以吃到用「奈良漆器」裝盛、以「純水冰」「抹茶蜜」等做出的極上抹茶白玉刨冰。在樫舍旁是Milly試圖預約卻失敗的和食餐廳「粟ならまち店」，這餐廳可以吃到大和野菜調理的風味奈良鄉土料理，2900日圓放在竹籃中豐盛料理的是「收穫季御膳」，光是看圖片就讓人食慾旺盛，下次或許要更提早預約。

回到奈良町資料館，距離與人會合的時間還有空餘，就繼續通過豆腐庵往另一頭探訪。看見道路交會口上有間店面清新的有機雜貨屋「糸季」，就決定停下來繞進去看看。

店鋪二層的建築看似新建其實依然是有些歷史的町家，糸季店門上掛著一個襪子模樣的鐵架，店內自然可以看見很多漂亮又舒適的綿襪。有機綿襪是這雜貨屋的主力商品，不說不知道，原來奈良還是日本最大的襪子製造地。

Guesthouse 櫻舍

かウリ

除綿襪外店內還有不少可愛的「鹿」雜貨，在奈良的雜貨屋鹿主題是不會缺少的。在糸季裡側有獨立空間，販售質感舒適、設計淡雅的棉質服飾。

糸季旁是一條相對寬敞的下坡道路，位置上則是屬於奈良町的東側大約是鳴川町區域。

一路走下去看見有町家改建的生活小器雜貨屋「かウリ」、和町家民宿「Guesthouse 櫻舍」，可以窺看到奈良町日後還會持續出現更多有風味的消費空間出現，成為奈良市中心區最具魅力的區域。

奈良町的町家建築群，大多是一戶門面緊貼著一戶門面外窄內長的「排屋」（長屋）。門面很小可是一進去卻是一個房間接一個房間，空間其實還真不小。進去由町家改建的「奈良町資料館」時，就可以很明顯的體驗到。原來當時抽稅是以門面向著大街的面積大小來抽稅，為了避稅於是刻意把門面變小再用長度換取空間。

高畑地方：田園、文藝、小器

嘗試以更 SLOW 更深入的步調在奈良小旅行後，Milly 開始有如喜歡京都、鎌倉一樣，也喜歡上了奈良。這樣透過奈良漫步喜歡上奈良的最大理由，極大部分是來自位在春日大社原始林旁，高丹山下的「高畑地方」。

高畑地方去除「新藥師寺」「白毫寺」和「奈良市寫真美術館」等稱得上是觀光點的據點外，基本上就是一個綠意盎然、田園點綴的悠閒住宅區。

搭乘循環巴士在「破石町」站下車，沿著蕎麥麵店「そば処 轁」旁的道路一路漫步過去時，很快就會感受到這裡的房舍很有風味，不是豪華但是就是很有風味。

原來古來這裡還是春日大社的社家町，也就是春日大社大小職位的官家住家區域。四〇年代這區域受到

上：志賀直哉旧宅，下：たかばたけ茶論

新藥師寺

文化人偏愛紛紛移住，像是大文豪志賀直哉、畫家足立源一郎的舊居都在這高畑地方。

高畑地方之所以會成為奈良近年來人氣的女子小旅行路徑，還是因為隱身在這些風味老房子內的雜貨屋、小物工房和茶房、咖啡屋。咖啡屋營業狀況變化大，前往前建議透過網路查詢確認。

沿著車輛不多閑靜住宅區馬路邊上的人行道走著，發現一間小小的小物手作雜貨工房「sabon」可以進去逛逛。通過放著迷你盆栽的小小和風庭院，進去屋內會先看見鋪上泥土的土間玄關。之後脫鞋上去以住家改裝的工房，看見自稱為komakcma的毛氈手作作家，在燈光下木桌前，專注的作著工藝。

店內主要的雜貨小物是komakoma以羊毛製作的毛氈作品，除了毛氈包外那些彷彿是從繪本出來有著療癒系表情的小熊、小鹿更受到fans的喜愛。

從sabon旁的小路左轉穿出，通過大馬路過去是文

豪的「志賀直哉旧宅」，宅邸對面是以古意高牆圍著的洋館改建的咖啡屋「たかばたけ茶論」。

不過Milly一心想去離sabon步行約六分鐘的雜貨陶器屋「空櫁（SORAMITSU）」，就沒能分心前往那個區域探訪。

〃空櫁〃

空櫁以古民家改建隱身在住宅區裡側再裡側，位置非常隱密的地方。

好在沿路的風景悠然指標也算清楚，沒多疑惑就來到了以竹籬和黑漆圍欄環繞的建築前。說是店鋪外觀還真是沒有店鋪的感覺，更像是一間有風格的日式住宅。

這作為店面每個角度都像是生活雜誌頁面上出現的美好空間，聽說在改裝之前根本像是廢墟，是店主五井小姐花了好多時間才使老屋子復活展現出新的生命力。五井小姐本來是平面設計，在東京活躍十年後，選擇返回家鄉開設一間可以讓人悠閒選購美好生活用品的地方。

店內擺放的器物以奈良當地的陶器作家為主，此外只要是能顯現日本製作工藝之美，可以讓生活更充實的用品道具，不論是作家手製陶器、帆布包、洋傘甚或是出自職人工匠製作的掃把、鬃刷，五井小姐都會擺在店內展示、販售，經常還要奔走日本各地，去職人的工作地方發掘更多生活美學器物。

空櫁除非天氣不佳，總會將面對山林農地的簷廊完全敞開讓涼風吹入。

簷廊前有個可以席地而坐的長桌，提供客人點杯自家製的薑汁汽水，透透涼休憩一下。因為是住家改建的店面，置身其中容易有來到朋友家作客的感覺。不論是店內空間或是店外田園風景都是如此怡人，是值得專程而來的地方，只是還是很佩服五井小姐，當初可以將店面開在如此偏僻地方的勇氣。

空橀

時間允許的話，可以繼續從空橀沿著住宅、田地往白毫寺方向前去。白毫寺本身很清幽，更可以從坐落的高台遠眺奈良市街。

空橀
奈良市高畑町 1445-1
11:00 ~ 18:00、十二月到三月~ 17:00，週一至週三公休、不定休

春日大社周邊：尊貴、鹿男、平野

在還沒有確切的衡量自己有多麼憧憬奈良之前，已經單純的憧憬住宿奈良HOTEL，自顧自的認定如果要來奈良旅行就一定要住宿奈良HOTEL，很長一段時間對於Milly來說，「奈良＝奈良HOTEL」的公式持續存在著。因此終於住宿位在奈良公園高台上幽靜的奈良HOTEL時，多少有美夢成真的喜悅。

〃奈良HOTEL〃

住宿奈良HOTEL不單單是奢華而是一種意義，不是虛榮而是一種渴望去實現的體驗。明治四十二年（一九〇九年）奈良HOTEL以「関西の迎賓館」誕生於奈良公園，百年來不但是皇族舉行婚禮和住宿的選擇，更招待過很多國家的領袖，原來連溥儀、鄧小

平、達賴喇嘛都住宿過，除此之外也出現在谷崎潤一郎《細雪》的小說中。

二〇一三年五月跟友人一起住宿，預約兩間本館的雙人房，含早餐一人是1,6000日圓多些。當一行人在房間等著行李送上時，一個日本太太還特別探頭探腦的想要一窺本館房間的格局。原來日本太太預約的是新館，雖然新穎舒適可是就少了那麼些古典風情。

看日本太太一臉的羨慕，Milly一行人也莫名的驕傲起來（笑）。不過這次住宿的是標準雙人房，格子天井很高、窗邊的絨布座位和燈座很優雅，但不是太寬敞浴室也很小，後來退房時窺看對面正在打掃的套房，哇～好大好舒服好豪華，這次換成我們羨慕了。

二〇〇九年奈良HOTEL迎向一百週年之前，新館和本館房間都進行了全面翻新，在保有原本典雅雍容的格局下提昇住宿的機能性、舒適性，配合時代需求房間也都可以無線上網。

這次住宿的房間很靠近一樓的LOBBY，由於沒有電梯，因此每次都要從垂掛著華麗吊燈的紅毯氣派華麗扶梯走上下，一點也不覺得不方便，反而以為很有FEEL超浪漫。

Milly最愛的是LOBBY充滿歷史風貌的櫃檯，櫃檯總是忙碌，很難細細欣賞，第二天一大早起床要去奈良公園散步時，經過寂靜無人的櫃檯，終於可以盡情品味那古老的大鐘和厚重的金庫。這樣說或許很奇怪，住宿期間讓Milly最多記憶的正是這個櫃檯，因為一直受到櫃檯親切職員的貼心服務，幫忙預約餐廳、代為預約計程車、協助運送行李、商談早餐內容的更動，總是和顏悅色的應對，有效率又快速的達成任務。

而且幾乎在CHECK IN後就完全記得Milly住在哪一間，如何稱呼，這勢必會讓住宿客人倍感尊榮，留下好印象。一間有價值的HOTEL不單是空間的華麗高貴，更重要的還是這樣高品質的服務。「獨一無二的體驗」「無微不至的款待」，才是旅人願意小小奢華也甘願預約住宿的根本。

奈良HOTEL內有很多可以入鏡的美好角落，像是從正面拍攝下的建築外觀，有說這是德國風味的和風建築？不是太明白，但可以確定的是HOTEL建築設計，可是跟東京車站同樣出自大師辰野金吾，建築的形式是「桃山御殿風檜造り」。

因為外觀氣勢非凡、內部處處有名畫、古董裝飾，又多次舉行了日本皇室婚禮，因此奈良HOTEL就跟之前去過的箱根富士屋HOTEL一樣，是日本大家族舉行婚禮的首選之一。住宿期間或許是好日子，大廳一直充滿著盛裝參加婚禮的人潮。

面向奈良公園偶而還可以看見小鹿散步過去的TEA HOUSE、有著鋼琴壁爐總是充滿著溫柔光線的休息大廳「櫻的間」也是滯留期間讓人留戀的空間。當天晚上出外晚餐有些微醺，未能到那很有風味的酒吧小酌一杯，這點遺憾留給下次住宿的機緣。

第二天優雅早餐是在大宴會廳一般的主宴會廳メインダイニングルーム「三笠」享用，穿著歐風女侍服裝的工作人員，優雅的端上豐盛西式早餐，從餐具到

服務都讓人感受到不愧是歷史旅館的品質。

奈良 HOTEL
www.narahotel.co.jp

〃ノモケマナ（NOMOKE MANA）〃

奈良 HOTEL 入口車道斜坡下方對角，有間可愛又非常美味的有機麵包屋「ノモケマナ」。如果是搭乘巴士則是在「奈良 HOTEL」站下車，通過大型名產店「なら和み館」，往福智院方向走去就可以看見位在街口交叉點上的小麵包屋ノモケマナ。

麵包屋不大，一般客人多是來買麵包，也可以在店內享用，用餐空間是門邊的一張四人桌、小小的櫃檯三人座和戶外的陽台座位。即使空間不大在這裡吃早餐依然是很充實的，最幸福的是可以一直聞到麵包烤出的香氣。選好的麵包以樸實的木器、陶盤端出，點選的熱拿鐵使用了風味和風陶碗、木湯匙，更提昇了

ノモケマナ

早餐情緒。

拿鐵意外的水準不錯，有機天然酵母麵包則是完全符合人氣的好味道。放在玻璃木櫃的出爐麵包，大多是食材堅持的樸實麵包，每一個都是好吃的模樣，店主以手寫字卡清楚標明食材中有無雞蛋、乳製品，這對於吃素的朋友是很貼心又細心的服務。

麵包強調無農藥、有機、手工，使用自家製酵母、日本國產小麥、放養雞的雞蛋，吃下去有著愈咬愈香的裸麥滋味。

這裡的麵包實在是太好吃，同行的友人在第二天離開奈良HOTEL時，還特別要求計程車繞去這麵包屋，只為了再買些麵包在路上吃。

店名「ノモケマナ」怎麼看都很奇怪，上網查詢了才知道原來要倒過來念成為「ナマケモノ」（樹懶？）是說這是一間自認懶散的麵包屋？哈哈～因為是反過來念，於是想表達這是一間不偷懶的勤奮的麵包屋，真是會想～

ノモケマノ
奈良市高畑町 1076-1
9:00 ~ 15:00，週二週三公休

〃飛火野〃

住宿奈良 HOTEL 的第二天一大早，先是往白毫寺方向散步之後搭乘巴士隨興於「春日大社參道前」下車，走入奈良公園靠近春日大社參道入口旁的一片廣闊草地，在空氣還帶著些涼意、草地上還留著霧氣的早晨，跟著奈良鹿一起散散步。

可能是因為寬闊草地有溪流穿越又有著蒽綠大樹襯托，這裡的鹿群腳步顯得格外悠然自在，一個人在安靜的空間中眺望著眼前風景竟有些世外桃源的意境。

這個位置的奈良公園後來才知道是稱為「飛火野」的地方，據說春日大明神在半夜路經鹿道，夜色黑暗道路不明於是跟隨一旁的八代尊就從口中吐出火團來

照亮，這些火團不熄滅的在這片平野中飛旋著因此有飛火野之稱。

不過對於日劇迷來說這風景勢必不陌生，是日劇《鹿男》主角玉木宏經常跟鹿對話的地方。在這裡必須坦白承認，來到奈良打從一開始就沒有打算一定要去東大寺、春日大社，對於飛火野也沒多少概念，只是清晨中從車窗外看去那片風景如此清幽又有那麼點跟《鹿男》一劇場景印象符合，才會沒多考慮就隨興下了車。因此有了這麼一段美好的與鹿一起散步的美好清晨時光，同時以為這是在奈良滯留期間最有奈良**FEEL**的時候。

跟著鹿群的腳步前進，拍下鹿群在大樹下的模樣。旅行回國後不久看見網路上狂貼大帥哥金城武的航空公司廣告片中，居然出現了那片平野、那株大樹，頓時認為那天清晨任意下車的決定真是太正確了。

說到大樹那天清晨在接近春日大社參道，看見的那

株參天大樹更是讓 Milly 流連遲遲不捨得離開。對於喜歡大樹的 Milly 來說，這株大樹或許比大佛更有魅力。位在飛火野的クスノキ巨樹遠看以為是一大株楠木，其實是三株楠木生長在一起。樹齡居然不過是百年多，原來還以為會是千年大木呢。一九〇八年陸軍大演習時明治天皇在設宴後曾來到這裡休憩，之後立下玉座跡之碑同時種下這三株楠木。

東大寺周邊：再生、葛餅、古民家

這次的奈良小旅行沒有安排之前以觀光客行程消化過的「東大寺」，而是安排了前往空間未必很大，卻收藏著不少美佛像、東大寺國寶收藏的東大寺ミュージアム（東大寺博物館）。其中在二〇一一年十月開館以來最大看頭，從整修中的法華堂（三月堂）借出展覽的不空羂索觀音立像，在前去當時的二〇一三年五月十九日前一天已經完成出差任務返回三月堂。於是當天包車的計程車司機大哥很堅持的推薦，一定要前去三月堂參觀才好。不過也多虧了熟讀奈良歷史的計程車司機推薦，Milly 一行人才能在三月堂端詳著國寶不空羂索觀音立像莊嚴模樣的同時，也能巡禮到一旁位在高台位置可以俯瞰奈良市的三月堂建築之美。

東大寺本身建築號稱是世界最大的木造建築，寺內

二月堂

供奉著十五公尺高的奈良大佛。東大寺除了著名的大佛殿外還有南大門、二月堂、三月堂、戒壇院、鐘樓等美麗木造寺廟古蹟。其中三月堂是東大寺建築群中最古老的建築，二月堂的「懸造」建築手法是跟京都的清水寺相同，規模小很多但是從下往上看就儼然是一個小清水寺。

很醒目的還有建築下方坡道上的一株獨立大杉木，這杉木稱為「良弁杉」，傳說是建造東大寺極有功績的大僧良弁年幼時被老鷹叼走，就被放在這大杉木上，於是之後舊稱這杉木是良弁杉。

一早行程安排是古寺和美佛巡禮，十一點後則開始愉悅的雜貨屋、咖啡屋、甜品屋途中下車小旅行。

〃工場跡〃

位在東大寺戒壇院裡側的咖啡屋「工場跡事務室」，原址是一九二五年興建的乳酸菌研究室兼製作工廠，在工廠廢棄了二十年後建築再次復活以全新的面貌留存下來。建築周邊幾乎已經看不見觀光客一旁也沒太多建築，若不是看了雜誌推薦，光是經過可能不會知道裡面原來有這樣精采的再生空間。

咖啡屋空間原是工廠的事務所亦即辦公室，進去後會先看見榻榻米上擺放了矮桌、布椅墊的個室（座敷席），一旁才是有木桌椅的咖啡屋空間。

建築本身是八十多年前職人技術下的作品，因此格局盡可能保留原樣，再自然的擺放些遺留下來的工廠備品。店主的品味極佳，一株草花、一台古老相機、一個乳酸菌瓶子，沒有過多的堆疊卻能呈現一個柔和的大正浪漫風情。（店內基本上是不能拍照，拍自己手邊範圍內的小物或是餐飲則是許可範圍。）

很喜歡穿透木格子玻璃大窗讓陽光灑入的窗邊大木桌位置，因此雖說有些唐突，還是在跟早來的母女打聲招呼後選擇同桌用餐，是可以坐上八人的大桌，同席併桌也不致於太讓人拘謹。滯留期間更是跟畫家媽媽、木器作家女兒很愉快的聊起天來，兩人原來是為了懷孕的媳婦來安產祈福。

跟友人各自點了熱拿鐵、寒天蜜豆冰和厚片吐司，點心和吐司都很美味，蜜豆冰則帶著那麼些京都老鋪氣息，餐點細緻的感覺跟工廠本身的氣氛有些對比，不過放著餐具的鐵盤有跟工廠印象有著連結。

平日咖啡屋是十一點開店，週末假日則是九點開始營業。點份早餐套餐，開始奈良的一日一定是很美好的。不過更要留意的是，所謂非週末假日的平日其實只有週五。也就是說這家咖啡屋可是只在週五～週日一週營業三天而已。

除了咖啡屋空間外一旁還有以乳酸菌研究室改裝的畫廊，不定期會有作品展示或是供小型活動包場。空間希望表達的是「溫故知新」「不易流行」，日文溫故知新還能猜測一二，是要能將傳統以新面貌延續下去。可是不易流行又是什麼含意呢？不容易流行？以

工場跡

關鍵字搜尋才知道有著禪說含意，基本上「不易」＋「流行」是指在堅守不變的同時也要放入順應時代的變化。

Milly 一行人是搭乘計程車前往，搭乘巴士則是要在近鉄奈良站搭乘往「青山住宅」方向的巴士，在今小路站下車然後走個兩三分鐘前往。

工場跡
奈良市芝辻町 543
週五 11:00 ~ 18:00、週六週日假日 9:00 ~ 18:00，週一至週四公休

〃器人器人・フルコト・koharu cafe〃

同樣是位在東大寺周邊距離「工場跡」車程不到五分鐘的地方，還有三間理想店鋪共同在一個隱密的角落，分別是位在古民家一樓以生活器皿為主的「器人器人」、二樓是以生活和旅行為主題的雜貨屋「フル

コト（FURUKOTO）」，以及一旁的咖啡屋「koharu cafe」。

位置不是太好找，不過如果喜歡雜貨和小器小物的旅人，Milly以為不論「工場跡」或是這三間店面，都值得專程前來。

靠近東大寺転害門，位置上是在奈良市北端稱為「北町（きたまち）」的區域，Milly是在工場跡繼續搭乘計程車前往，如果是從近鐵、JR奈良車站前去則是搭乘巴士在「手貝町」站下車，花個五分多鐘走過去。

進去有著簷緣的古民家改建「器人器人」，必須脫了鞋子換上拖鞋上去，多了這一個動作就好像到一個人家去作客一般，同時也會相對的更緩慢起來，慢慢的將自己好奇的器皿拿在手上玩賞一下，再想像一下如果這個杯子、小碟放在自己家中是怎麼一個模樣，來決定有沒有緣份購入。

相對於器人器人器皿的沉靜色系，二樓フルコト以奈良為主題的雜貨小物就熱鬧很多，色彩也豐富很多。

フルコト

器人器人

其中彷彿是一個「鑰匙孔」的座墊，其實是仿照飛鳥地區的古墳造型。

如果時間充分些，在逛完器皿、雜貨之後，還可以到一旁的koharu café喝一杯以北海道「森彥」咖啡屋的咖啡豆中沖泡的咖啡。三間的店主都很悠閒，在裡面逛著的人也跟著很悠閒起來。

器人器人・フルコト・koharu café
奈良市東包永町61-2
器人器人11:00～18:00，週四公休；フルコト11:00～17:00，週二至週五公休；koharu café11:00～17:00，週四週五公休

〃天極堂奈良本店〃

會這樣即使下著不小的雨，依然積極前去位在東大寺西大門跡附近的吉野本葛專門店「天極堂」奈良本店，多少是因為不久前吃了京都老鋪「鍵善良屋」的葛切大大感動吧。不過在大極堂吃的不是粉條般的葛

切，而是更Q彈好吃到讓人難忘的「葛餅（葛もち）」。

天極堂奈良本店已經跨越了一百四十年的歷史，這裡大人氣的葛餅是點餐後才現做，需要些耐心等待。不過這等待絕對是值得的，因為那還有著熱度的葛餅裹著黑蜜、黃豆粉，嘟嚕的就滑入口中，那軟中帶Q甜而不膩的滋味，讓人瞬間就上癮。因為實在是太好吃，就繼續點了本葛布丁依然是很好吃，不過就是布丁囉（笑）但多了些QQ感。

天極堂本店內除了招牌的葛餅、葛切外，還有葛烏龍麵、葛粥、以本葛作為食材的套餐等等，菜單非常豐富。

在綠意中格外顯眼有如美術館般的黑色設計風建築內，一樓是以吉野本葛點心、名產販店和可以看見窗外一面綠意的用餐區，二樓座位同樣很多，但是即使如此假日中還是等了將近半小時多才能入座。

天極堂奈良本店

不過話說吉野本葛到底是什麼呢？光是看外觀跟太白粉、蕃薯粉有些像，但是日文片栗粉才是太白粉。日本人會提醒「吉野本葛」和「吉野葛」可是完全不同的，吉野本葛是從以葛根提煉出的百分之百澱粉。吉野葛則是將葛根提煉出的澱粉又參雜了50％的甘藷澱粉，因此成分是完全不同的。一公斤的葛根可提煉出100g左右的粗本葛，經過乾燥成為本葛粉後重量又會少掉一半因此才說是珍貴。

天極堂奈良本店
奈良市押上町 1-6
10:00～19:30，週二公休

二〇一六 探訪奈良憧憬角落

二〇一六年末深秋來到京都賞楓，其中一日繞路奈良，去到邁入三十年依然清新悠然，位在奈良近郊的咖啡屋「くるみの木（KURUMI NO KI）」午餐。搭乘早班列車在天未亮時分出發，算算時間應還可在「くるみの木」新設複合設施「鹿の舟」內吃份認真早餐。

來到奈良搭上巴士，本想一路直達「鹿の舟」所在田中町。路經春日大社前時，被忽然浮現的美好回憶牽引，回過神來已按鈴下車。站在沉澱古老歲月的遼闊「飛野火」平野，將某年新綠季節晨曦下遭遇風景，與眼前朝陽中草地薄霜閃的空靈影像重疊，頓時身心彷彿被洗滌著。

「鹿の舟」位在「奈良町」觀光區塊內，期望或可讓遊人藉由體感，認識奈良人代代珍惜的傳統生活。

晒著稻穀彷彿鄉野角落的腹地上，有將原本「奈良町振興館」改裝，以典雅摩登圖書室、展示間推廣觀光的「繭（MAYU）」、有著暖爐、木質外觀的咖啡屋「囀（SAEZURI）」、和販售奈良地方食材、工藝與用餐空間的「竈（KAMADO）」共三棟房舍。

Milly在八點開店同時進入「竈」，於窗明几淨的透亮空間內，品味採用當地農家努力種植白米，以大灶、材火傳統方式炊煮白米飯為主角的早餐。在日常餐桌上絕少付出額外關注的白米飯，當每個細節都堅持純粹與用心時，一碗白米飯就不單是一碗白米飯，還是一碗有品格的白米飯，值得細細品味。

作為一九八四年創業「くるみの木」分身的「鹿の舟」，處處展現質感、專注與品味，於是對「くるみの木」就更加期待。

提前於十點半來到「くるみの木」，是為在準時放在門外的預約板上寫下名字。畢竟是創造傳奇的奈良人氣咖啡屋，加上不能電話、網路預約，若不這樣提

前為自己爭取座位，等到開店後匆匆來到，反倒枉費店主石村由起子小姐精心營造的和緩。

透過諸多雜誌專題介紹早對這咖啡屋憧憬，印象使然本以為位處森林裡處，沒想到居然坐落於冷僻住宅區大馬路旁。可是一旦進入「くるみの木」領域，時光流動便完全像是另一世界。

在預約板順利寫上名字，之後繞過香草果樹小庭院，來到放置著書籍、繪本彷如 SUN ROOM 的待合室，找個陽光灑入角落小歇，透過與用餐空間的玻璃窗門，可以看見工作人員擺設餐具準備開店的模樣。據說店主石村小姐刻意將較紛亂的清掃工作於十點半前完成，接著以一個小時空白時間，讓店內空氣沉澱紓緩，如此當客人進入時也得以將被日常浮躁的身體紓緩。

十一點「くるみの木」兩端販售生活道具、食材的「cage（カージュ）」與質感服飾、小物的「NOiX La Soeur（ノワ・ラスール）」開始營業。在此看見動心小物，先不急著決定買不買，待用餐時間慢慢考慮再確認。十一點半「くるみの木」準時打開玻璃門，順

序引導客人選擇偏愛座位同時點餐。Milly 開心如願坐在陽光下燦爛朦朧的攀藤植物大窗邊桌位，午餐選擇以奈良本地食材，每週替換菜色配上新鮮蘋果汁、點心的限量供應和風定食。點餐後大約三十分鐘，先是清爽小菜端上，接著才是現炸蔬菜與熱騰騰味噌湯、雜米飯。等待空檔剛好翻翻隨身帶的小書，瀏覽店內品味擺設盎然植物，以及不慌不忙如微風般流動著的店員工作姿態。

現在回想，從「くるみの木」獲取的回憶，不單是那誠摯美味午餐、整體有如冬日暖暖陽光的溫柔，更是因確切知道堅守價值方位下的從容自信。

當客人在離開時，能感受到「能來到這裡真好～」，是「くるみの木」三十多年來守護的簡單信念，愈是簡單卻愈是需要毅力、勇氣去延續的信念。

くるみの木

www.kuruminoki.co.jp，各店鋪營業時間請參照官方網站

城崎溫泉

女子流散步

FROM 京都 TO 城崎溫泉

從京都前往城崎溫泉最簡單也最容易理解的路徑，是搭乘十一點二十五分的ＪＲ特急列車「きのさき」，直達城崎溫泉站時間約是兩個半小時，車費往返一趟就會超過8,600日圓。這時就會更深刻感受到，那張9,500日圓可以連續使用五天「KANSAI WIDE AREA（關西廣域鐵路周遊券）的划算。（KANSAI WIDE AREA可使用的路線範圍，這幾年有所延伸，詳細可參考ＪＲ西日本網站：westjr.co.jp）

只是意外的從京都直達城崎溫泉的特急列車不多，大多需先搭乘到「福知山」或是「龜岡」再轉車前往。同時要注意的是，很多時候前往城崎溫泉的特急列車「こうのとり」會和前往天橋立的特急列車「はしだて」、前往東舞鶴的「まいづる」連接在一起，到了福知山站後就會分開行駛，要留意不要上到錯的車廂。Milly以往大多是從大阪前往，這次直接從京都前去。

搭乘的是十點二十五分的列車，這列車就是小小複雜，列車有前往東舞鶴「まいづる」，有前往天橋立的「はしだて」和往城崎溫泉「こうのとり」。小心起見建議上車前，最好攔下站員或是車掌詢問一下確認一下。

ABOUT 城崎溫泉

位在京都北部，位置鄰近日本海，擁有一千五百年溫泉歷史的城崎溫泉，最有名的是飄逸著垂柳的古色溫泉鄉風情，美味的松葉蟹和七個各具特色的外湯。此外在享受純泡湯的同時還可以在情緒溫泉鄉內喝著水果雞尾酒、吃著濃郁布丁、和風甘味，以為城崎溫泉絕對是跟「湯布院」「黑川」溫泉一樣，是懂得寵愛女子的溫泉鄉。

4HOURS的城崎溫泉滯留

出了城崎溫泉車站先完成一些到此一遊的拍照。首先拍拍那稱為「下駄奉納板」供養著各家溫泉旅館夾腳拖鞋的架子，據說這些保佑旅人安全的木屐每年都會祈福後更換。接著拍拍一旁外湯「さとの湯」古色外觀足湯和風味飄逸柳樹，這是很代表性的城崎溫泉風景。

城崎溫泉的風情在大谿川沿岸的柳樹、橋樑和兩旁老建築營造出的情緒，黃昏後穿著浴衣、踏著木屐從各家旅館出來泡湯的溫泉宿客，更像張復古的明信片上的畫面。更重要的是，即使城崎溫泉離大都會不遠，卻不會像其他溫泉鄉一樣受到風俗業的侵入，一直保有著典雅閑靜風貌，或許這正是女子情報旅遊誌持續以專題推薦的理由之一。

上：一の湯，下：泡完湯的清涼飲料

上：下駄奉納板，下：さとの湯

體驗這古意情緒的溫泉鄉，能住宿自然是最好節奏，當日往返一樣可以享受到城崎溫泉「泡湯」「松葉蟹美食」「溫泉甜品」的特色。

要純泡湯一般都會建議買張1,200日圓「一日入浴券」，如此便可以自由選擇城崎溫泉內七個特色外湯純泡湯。二〇一〇年開始一日入浴券從以前的「外湯手形」木牌變成了IC卡，IC卡可在進入泡湯的第一間外湯櫃檯購買，不過就要附上500日圓押金，在最後一間泡湯的外湯櫃檯交回後退回押金。

七間外觀、設施各具特色的外湯，都在從車站可以步行前去的範圍內，彼此間的距離也不遠，能這樣在短距離中有這樣多的純泡湯選擇，除了九州的黑川溫泉外可能就是這城崎溫泉了。

七個外湯分別是「駅舎溫泉 さとの湯」「一の湯」「御所の湯」「まんだら湯」「地藏湯」「鴻の湯」「柳湯」。有的是一大早七點開始營業，有的要下午三點才能進去，公休日也各自不同，詳細資料還是要上城崎溫泉觀光網站CHECK。

柳湯

御所の湯

可依照自己的時間、喜好甚至是功效來選擇要去泡那一間外湯，功效不單單是為了身體療癒效果，這裡的一些外湯還有「祈願」的含意。像是「柳湯」可以求子安産、「鴻の湯」是保佑夫婦圓滿、不老長壽、「まんだら湯」則是商業繁榮、五穀豐收。

Milly 選了良緣的美人湯「御所の湯」，不是想美美的泡湯出來後讓自己好好嫁掉，只是單純喜歡那外觀和寬敞的空間。在外觀上也很喜歡「柳湯」，不過不想泡湯泡到頭昏就甚至沒買那一日券，只單獨買了「御所の湯」800 日圓的入湯券，七選一的完成了城崎溫泉的外湯體驗。

〃大黑屋〃

實際上當日的泡湯行程是放在最後的，因為到達時是午餐時間自然是先滿足食慾才好。一個人不能去吃什麼螃蟹大餐，但是都來到城崎溫泉不吃螃蟹料理又有些不滿足，好在距離車站徒步一分鐘、位在溫泉鄉

大黑屋

商店街前端的定食屋「大黑屋」，可以吃到經濟實惠一人份的螃蟹料理。

大黑屋是大正時期就開始營業的老鋪，店內貼滿藝人的簽名板，很多電視美食節目也介紹過。大推薦的是1,100日圓的螃蟹蓋飯，真是超級好吃。白飯上是滿滿的甘甜蟹肉，還大方的放上了蟹黃，似乎還勾了芡於是入口特別的滑嫩。好吃的螃蟹料理不是沒吃過，可是能以這樣食堂價位吃到如此好吃的螃蟹料理，真的是很幸福的美食體驗。

大黑屋
豊岡市城崎町湯島87
10:30～17:00，每月一次不定休

〃お食事処 山よし〃

不過Milly想換換新鮮口味，離開城崎溫泉搭車返回京都前，選擇在車站斜對角、さとの湯旁的「お食

お食事処 山よし

事処 山よし」買了現做的蟹肉便當帶到火車上吃。

お食事処 山よし是旅館「城崎湯宿山よし」、海產伴手禮店「山よし 旬鮮市場」、水産加工「ヤマヨシ」和「かに料理専門店山よし」的關連店鋪，也就是說只要是海鮮、螃蟹，不論是加工、大餐廳小餐廳、旅館，「山よし」集團都包了。

姑且不要管這企業有多包山包海，單單論在お食事処 山よし買的蟹肉便當，就是目前吃過的蟹肉火車便當中最好吃的，不會乾乾澀澀，依然吃得到鮮甜的滋味。其實 Milly 更想外帶的是當店的「但馬牛とろろ丼（但馬牛山藥泥蓋飯）」，可惜這個餐點不能外帶。

お食事処 山よし
豊岡市城崎町湯島 96
10:00～18:00，不定休

木屋町小路

二〇〇八年七月開始營業的複合商店區「城崎温泉木屋町小路」位在御所の湯對面。裡面有十間店鋪，從吃但馬牛的「但馬牛串焼き たじまづくし屋」、挖耳朵店「耳サプリ」，到木器工藝店都有。

其中賣健康水果醋的「城崎ビネガー」，是淡季中依然客人不少的百年老鋪創新店。水果醋的瓶裝時尚漂亮，也可以外帶一杯水果醋邊走邊喝。「げんぶ堂」是豐岡市五十年米菓老鋪分店，店內裝潢像是昭和年代的柑仔店，米菓都可以試吃後才購買。

超級愛吃手工布丁的Milly，看見布丁店「生萬」自然就毫不遲疑的進去，MENU上各式布丁都想吃一時不知道該點什麼口味。好在像是Milly這樣的人可能很多，於是有一個「味くらべセット（吃吃看比比看SET）」，可以吃到三種口味布丁。

生萬

三種口味的布丁端上來外觀已經是各有特色，方型豆腐模樣的是最基本的原味雞蛋布丁，也是以為口味最好吃蛋香最濃郁，軟硬度也最適中，單點的話是 350 日圓。上層有焦糖的是クリームブリュレ，奶味較重較甜膩也較軟嫩，單點是 400 日圓。單點要 450 日圓的是外觀最樸實的プレミアムプリン（豪華版布丁），口感很綿密，可以吃到些起司的味道。

生萬
豊岡市城崎町湯島 391 木屋町小路 -G
10:00 ~ 18:00，不定休

離開木屋町小路經過點心屋「円山菓寮」時又看見了模樣美味的布丁，是放在像是牛奶瓶內的「湯あがりぷりん」，直接翻譯就是泡玩湯後吃的布丁。

円山菓寮的本店位在山陰地方的香住，原本是以米菓、麻花條為主的和風菓子店，城崎店為了符合城崎溫泉最大特色七外湯巡禮印象，於是推出了以每天早

EBINOYA

円山菓寮

上送來的新鮮雞蛋、當地低溫殺菌的牛乳和生奶油，做出這滑嫩的溫泉布丁。

近年來日本溫泉鄉很風行布丁點心，尤其是九州的「湯布院」更是三步就一間手工布丁店，堪稱布丁的超級戰區。為什麼溫泉鄉甜品屋特別多呢？有一說法是因為泡完湯會想吃甜食，只是Milly認為另一個原因是女生喜歡的溫泉鄉甜品屋才多，像是「湯布院」「黑川溫泉」「城崎溫泉」這幾個女子人氣的溫泉鄉，尤其是甜品屋密集，而且溫泉度假結束買回家的名產品，其包裝更是有更時尚可愛的趨勢。

論包裝漂亮則不能不介紹那間彷彿是包裝紙美術館的EBINOYA（海老せんべい処 海老のや），本來帶著些鄉土氣的蝦餅仙貝，依照口味以摩登和風圖案的紙袋包裝，頓時都會感起來。五十多種口味和包裝，讓人興奮卻又不知如何著手選購，若時間充分不妨可以慢慢試吃後再買幾包當做體面的伴手禮。

城崎ジュース 菜果

另一間特別的新型態溫泉伴手禮盒，是由新鮮果汁鋪「城崎ジュース 菜果」推出。

汽水、啤酒和牛奶是溫泉鄉基本的泡湯後飲品，果汁鋪理應出現在熱帶海灘、南國島嶼的觀光區內。這樣反傳統的飲料店，卻在城崎溫泉大大人氣起來。像是 Milly 在泡完湯後看見這樣的現榨鮮果汁鋪，就像是在沙漠中遇見綠洲般。

想要更冰涼於是不想只點純果汁，看見 MENU 上加入了酒精的桃子果汁冰沙，瞬間浮現「就是這個了！」的訊號，不猶豫的就點了。這以現打果汁調製，不加任何砂糖、果糖的果汁雞尾酒冰沙，果然好喝又解暑，坐在店內看著川岸柳樹和老街風情更是舒暢！

四小時多的城崎溫泉當日往返滯留，吃吃喝喝逛逛充分體會到這真是一個懂得寵愛女子的溫泉鄉。

城崎ジュース 菜果
豊岡市城崎町湯島 644
9:00～23:00，不定休

海之京都

二〇一七年十一月底以「海的京都」為主題，京都往返住宿「福知山」展開三天兩夜「京丹後地區」的天橋立、伊根舟屋與久美浜小旅，途中循例依然繞路城崎溫泉。

〃城崎再訪〃

久違的城崎溫泉聽說海外遊客住宿人數暴增了三十多倍，整體變化不大但隱約察覺年輕世代正積極介入傳統溫泉鄉情境營造。

出了車站，格外搶眼的是兼具站前巴士售票、候車室、觀光行程預約、腳踏車租借、觀光諮詢、無線上網、城崎溫泉關連設計風商品展售與有料咖啡等多功能的設施「城崎温泉ツーリストインフォメーションSOZORO（城崎溫泉旅客資訊服務中心

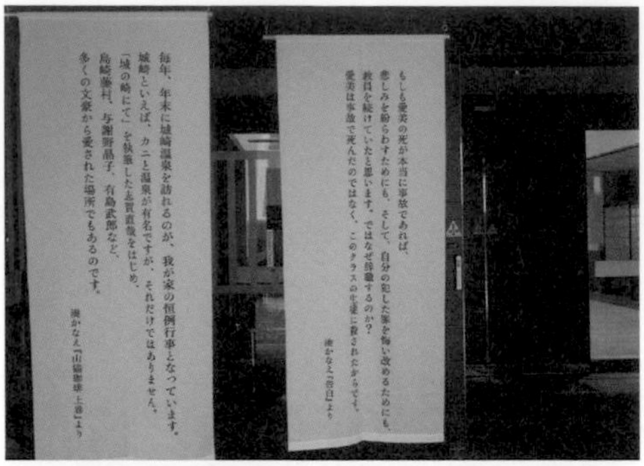

SOZORO）」。在SOZORO拿了張命名為「きのさき再發現」的設計風區域漫步地圖，指引來到重新翻修後的「城崎文芸館KINOBUN」。這裡除了展示在城崎溫泉湯治期間，寫下《城の崎にて》的文豪志賀直哉作品、生平展外，也展示有年輕世代作家「万城目學」「湊佳苗」，在創新的當地法人組織「本と温泉」規劃下，為城崎溫泉撰寫，僅於現地販售，泡湯可閱讀的防水小說系列《城崎裁判》《城崎へかえる》等作品與周邊商品。

之後繞了圈石橋柳樹依然風情的城崎溫泉，發現多了幾間以年輕族群為客層的咖啡屋，其中還有販賣手工啤酒的美式餐廳，想必是順應愈來愈多來此觀光與住宿的海外客層。

離開溫泉鄉前，Milly於城崎七外湯之一「御所の湯」對面的「城崎スイーツ本店」，點了份可以同時享用義式冰淇淋與霜淇淋的「ソフトDEだぶる」現場享用。然後外帶一杯以城崎溫泉命名的現沖咖啡

「kinosaki coffee」，配上在「お食事処 山よし」購買，十一月~三月期間限定的現作螃蟹壽司「かににぎり寿司」便當，於回程列車幸福享用。

〃初訪久美浜〃

二〇一七年初冬關西旅行購買了一張五日「KANSAI WIDE AREA（關西廣域鐵路周遊券）」，主要是要搭乘全國性 JR PASS（日本國鐵周遊券）不涵蓋，KANSAI WIDE AREA 卻包含的私鐵「京都丹後鉄道（丹鐵）」，前往京都北方初次探訪的「久美浜」、多了絕景新據點的「伊根」與重遊的「天橋立」。

從京都搭乘特急來到福知山，行李先放置在站前美式旅宿「NORTH FRONT HOSTEL」後，就繼續搭乘丹鐵普通列車，來到在陰雨綿綿天氣下異常安靜，位於丹後半島西南端的「久美浜」。為何來到這對多數遊客陌生的久美浜，不是為觀光手冊上推薦的小天橋立、海岸風光、富商豪宅，單單只是想在面向久美浜

灣的「Heron（ヘロン）」午餐。

原一度想預約住宿於二〇一七年八月新設，一日兩房限定面對河灣的「waterside cottage Heron」。考量後還是期望能在綠意更明亮的春日與友人相約前來較好，此次就先吃午餐探探路。

當日用餐客人多是開車前來，若從久美浜站走過來大約七分鐘。

當初翻閱日本旅遊情報雜誌，被外觀腹地有如歐洲相間農舍，面向河灣露台座位用餐畫面吸引，因此憧憬前來。可惜當日冬日低溫加上微雨，雖說還是可以透過落地門窗看去河灣、船屋與花園景致，開放感就差了不少。

儘管如此，午餐時間燃起火爐的溫暖空間內還是滿座狀態，想必都是為了這裡以自家農園栽種蔬果與灣岸海鮮調理的餐食。Milly 點了漂亮酒杯端上的白酒，配上以水梨、柿子入菜的清淡美味套餐「季節のランチプレート」。

在等候餐食上桌時，就逛逛餐廳併設，販售自製果

醬、自家品牌衣物、地方食材、手作雜貨的品味選物空間。

waterside cottage Heron
京都府京丹後市久美浜町 2983-1
11:30 ~ 17:00，週四公休

旅途延伸

若時間充裕或租車自駕，建議還可前往距離 Heron 約十五分鐘車程，於京都料亭老鋪「和久傳」擁有的「和久傳の森」內，有由安藤忠雄設計的美術館「森の中の家 安野光雅館」。在此除可以觀賞安藤忠雄建築、安野光雅水彩作品，還可以在館內餐廳「wakuden MORI（モーリ）」，享用和久傳企劃的美食。
http://www.wakuden.jp/mori/

〃山光水色京丹後〃

第一日「海的京都」京丹後小旅，在從久美浜繞路前往城崎温泉後結束。

Cafe du Pin

隔日，一早先搭乘ＪＲ列車從「福知山」前往「西舞鶴」，之後在西舞鶴轉搭丹鐵前往天橋立，如此途中就可從車窗看去列車通過「由良川橋」後的海岸風景。

到達二〇一五年改建，煥然一新的天橋立車站時，大部分的店家都還沒開店。就暫且通過站前熟悉的天橋立溫泉足湯「智恵の湯」，往面向松林的運河畔散步。算好時間再前往九點開店，位在運河邊上，透過落地大窗可同時眺望迴旋橋與天橋立松並木，旅館「ワインとお宿 千歳」內，擁有觀賞天橋立景觀特等席的咖啡屋「Cafe du Pin」。邊喝著飲料邊悠閒眺望，船隻通過時迴旋橋開展的特有景觀。

Cafe du Pin
京都府宮津市字文珠 468
9:00～18:00，不定休

曾在夏日豔陽與冬日雪色中，徹底旅遊過天橋立的

伊根舟屋

的觀光景點，此次天橋立不是主角，是前往伊根舟屋搭乘巴士的中繼站。

多年前前往伊根舟屋，是在遊覽船（伊根湾めぐり觀光船）處於停駛邊緣，海上飄著大雪的酷寒冬日。再訪伊根舟屋，一方面為前往上回天氣惡劣不能充分散策的舟屋街道，另一方面則是要在面向伊根灣，坐落有利位置眺望舟屋景觀，二〇一七年四月開張「舟屋日和」內的咖啡屋「INE CAFE」午餐。

搭乘天橋立站前巴士（丹後海陸交通路線巴士）前往伊根約一小時，那日天氣不免寒冷但天氣晴朗，巴士沿著海岸行駛情緒非常悠然。在「伊根」站牌下車後，首先前去走路兩分鐘位置上的「向井酒造」，去買瓶由女性杜氏（日本酒釀酒師）以古代米釀造，呈現如紅酒般色澤的日本酒「伊根滿開」。

從「向井酒造」走去「舟屋日和」約十分鐘，沿著

INE CAFE

海岸漫步時，或許是非假日，因住家與船屋合一的兩百多戶舟屋，被列為「重要伝統的建造物群保存地区」的伊根町內格外幽靜。據說這區域海灣因「青島」如防波堤屏障，海面灣岸不分季節多是平穩。

窄小車道兩旁也有食堂、餐廳，但是要找間喝杯咖啡的寬裕空間，在以往印象中是不存在的，更何況還是如「舟屋日和」這樣時尚兼具舒適的複合設施。

「舟屋日和」內的「INE CAFE」比預期寬敞，慶幸當日沒太多先來的客人，可以選在火爐邊，最佳景觀位置沙發座位享用午餐。

心情大好，即使是午餐還是點了瓶「天橋立ワイナリー酒莊」釀造的白酒，以眼前無際視野的海灣、舟屋景致，享用使用地方漁獲食材的 1,600 日圓炸魚套餐。滯留這咖啡屋期間，真是無以言喻的暢快，難怪會被列為「眺めが最高に良いカフェ（景觀最佳咖啡屋）」名單中。天氣好時，咖啡屋會打開落地大窗，開放露台座位，吹著海風眺望陽光跳躍海面的舟屋時光，想必更是惹人嚮往。

向井酒造

若是只是想喝杯咖啡吃個點心，這裡使用「向井酒造」酒粕製作的糕點是人氣選項。想吃更正統的和風宴席料理，則可以選擇一旁高級餐廳「鮨割烹 海宮」，含壽司、煮魚等，3,240 日圓起的豐富套餐。

INE CAFE
京都府与謝群伊根町字平田 593-1
11:00 ~ 17:00，週六週日假日 10:00 ~ 17:00，午餐限量供應 11:30 ~ 14:00，週二週三公休

和歌山

可愛貓咪車站和絕讚定食屋

FROM 京都 TO 和歌山

終於去拜訪貓咪站長，在櫻花盛開的季節中，從京都出發當日往返和歌山。

上午八點三十六分有從京都發車的「特急くろしお」，可經由新大阪、天王寺直達來到和歌山，時間估計是一個半小時，車費3,240日圓。

其他時段就要從ＪＲ新大阪、大阪轉搭特急列車，ＪＲ紀州路快速列車前往。

ABOUT 和歌山

和歌山位在紀伊半島號稱距離關西機場最近的一個縣市，以往Milly多次前去都是以「乘鐵」（以搭乘特色列車、欣賞路線沿線風景的鐵道迷）身分，選擇搭乘如鯨魚、海豚模樣車頭的特急列車「スーパーくろしお」，從窗外看去壯麗的海岸風景。

途中下車去過「串本」為觀覽特殊岩岸景觀「橋杭巖」，住宿過新宮的 HOTEL 方便前往世界遺產熊野古道上的「熊野那智大社」。

一次還來到紀勢本線上的那智站，為了去一旁面向海灘又可以看見車站月台的公營溫泉館「丹敷の湯」純泡湯。近年來很多台灣旅客會來「白濱溫泉區」，原來是這溫泉區有不少面向大海的高品質溫泉宿。

美食期待的是鮪魚餐，去過「勝浦漁港」邊的食堂吃過鮪魚蓋飯，畢竟和歌山可是日本鮪魚最大漁獲區。據知和歌山的「太地」還是往昔最大的捕鯨地區，但大反對捕鯨！完全不推薦喔。

可是即使去過了和歌山這些地方，依然覺得旅行回憶不完整，畢竟還沒探望那貓咪站長、沒登上和歌山城、沒走遍熊野古道、沒去白濱的「アドベンチャーワールド（冒險大世界）」看那對熊貓雙胞胎。

貓咪電車如此可愛

於是這回真的真的一定要去看那貓咪站長「小玉（たま、TAMA）」，雖說貓咪站長已經榮升為超級、榮譽站長處於半退休狀態，每週只在週二～週五，上午十點～下午四點出勤，小玉站長公休日會由代班站長來迎接粉絲們。

到達ＪＲ和歌山車站後稍稍猶疑了往和歌山電鐵「和歌山站」的方向，向迎面一位穿制服的女車掌問到：「（ねこの電車）在哪裡搭乘？」女車掌毫無猶豫的就指示向前走經由地下道前去。

Milly可不是問到和歌山電鐵和歌山站的月台怎麼走，而是問ねこの電車（貓咪的電車）怎麼去搭乘，女車掌幾乎沒猶豫的就回答了，可見貓咪已經跟這電車畫上了絕對的等號（搭乘和歌山電鐵的月台是九號月台）。

一走進ＪＲ和歌山站及和歌山電鐵和歌山站連結的地下通道、通往月台的階梯，已經被各式各樣的貓咪圖案給包圍，階梯上還有可愛的貓咪腳印。

月台不是太豪華卻是很可愛（之後應該會不斷出現可愛、可愛的字眼！）。一張780日圓的一日券可以不用計算車費，盡情換乘不同裝潢的「玩具（おもちゃ）」「草莓（いちご）」「小玉（たま）」列車（二○一六年六月新增第四款「うめ星」梅星列車，以和歌山名產南高梅為主題）。最人氣的自然是たま電車，車廂內外一共有一百零一隻不同神態的たま貓咪圖案，不少人更會以四輛列車都搭乘制霸為目標。

Milly倒是沒這麼大的野心，只想到貴志站朝聖一下就好，只是當列車駛入「居然」是什麼圖案都沒有的普通版列車時還是有些黯然。不過想想也對，即使是熱門的觀光列車，貴志線真正功能還是交通輸運，沿線居民可能每天看那些圖案也膩了，會希望搭乘到「正常」車廂列車也不一定。好在Milly後來回程時有搭乘到讓小孩子異常亢奮的玩具主題列車，也順利的拍

到了可愛爆表的小玉列車、草莓列車的車廂模樣。

從和歌山站開往終點站貴志站不過是三十分鐘，櫻花季節中沿線開滿櫻花，在藍天好日下窗外風景風光宜人一整個舒暢。貴志站月台上的櫻花也在滿開中，襯托著那寫著「ねこ」的木頭鳥居更是非常有風情。

選在週末假日前去貴志站只能說是大盛況，人潮中除了不少日本人家庭旅行身影，小小的站內更是擠滿了說著國語、廣東話、英文的海外觀光客。紀念品攤前排著搶購周邊商品的隊伍，仿照たま貓臉建構的車站前更有著絡繹不絕拍照留念的人潮。週日的代班站長「ニタマ（NITAMA）」的玻璃櫃站長室前圍著一堆人，等著站長大人午睡醒來。來到這處處可以發現可愛貓咪圖案的車站，連大人都會恢復童心的雀躍起來。

たま站長出生在貴志車站，由車站開設的「小山商店」店主照顧著，たま的媽媽「ミーコ」也曾經擔任

過「助役」（站長特助?）一職。

猜想當初任命三毛貓為站長可能只是一個半開玩笑的企劃，沒想到經過網站口耳相傳搭乘貴志線的客人暴增。觀光客前來不是為了沿線的什麼美食或是觀光設施，完全只是為了一睹貓咪站長的風采。

之後和歌山電鐵就趁勝追擊，不但推出了各式的周邊商品還出了攝影集，之後貓咪站長的故事被海外媒體大量報導，貴志線就愈發人氣起來。

據知在二〇〇七年たま站長就任之前，貴志線一天的搭乘量大約是700人，但截至二〇一二年人數已經平均一日是1,342人次。從一個即將廢線的地方線變成日本最具話題的賺錢路線，只能說這是一隻貓咪帶來的經濟奇蹟，榮譽站長たま真是日本第一的「招財貓」。

現在連和歌山觀光都要不時借重貓咪站長魅力，有感於她對地方觀光的貢獻還頒發了「和歌山県勲功爵」「和歌山県観光招き大明神」封號作為獎勵。

這條地方線本身也是一個很有故事的鐵道線。

原本貴志線屬於南海鐵道公司（南海電鉄），二〇〇三年發布貴志線可能要廢線的消息後，當地居民組成了「貴志川線の未来をつくる会」聲援組織，全力阻止廢線的發生，一連串的動作引起NHK注意做了特別報導。

南海電鉄礙於情勢決定公開招募接手的民營鐵道公司，最後居然是由岡山電車得標取得經營權。之後更以子公司形式在和歌山設立「和歌山電鐵」本社，和歌山電「鐵」的鐵字在日文名稱上也是「鐵」，不像是南海電「鉄」、阪神電「鉄」、東急電「鉄」這樣的日文社名寫成「鉄」，據說是「鉄」分開看是「金」「失」，金子會失去~不太吉利的關係（笑），或許就是這麼一個決定讓和歌山電鐵變成了賺錢的鐵路線。

たま站長（是女生喔）在一九九九年四月接任貴志站站長，職務項目是「招攬客人」，年薪是一年份的貓食，沒有分紅？這一點真要幫たま站長抗議才行，要知道たま站長可是出過好幾本寫真書、故事還拍成電影的大明星呢。

不過很殘念，たま站長於二〇〇五年六月二十二日當小天使去了，之後被尊稱為名譽永久站長，貴志站旁還有為她而設的「たま神社」。目前的二代小玉站長由「ニタマ（NITAMA）」擔任，另外還有伊太祈曾站長「四代小玉」繼續為前來的旅客服務。

和歌山電鐵
www.wakayama-dentetsu.co.jp

和歌山城櫻花盛開中

如果是其他季節，Milly是一定不會在大熱天下選擇走去和歌山城，但出發前已經知道和歌山城的櫻花正盛開中，於是在從貓咪站長的貴志車站返回和歌山站時，自然還是被櫻花召喚著，不自覺的往位在和歌山市中心位置上的和歌山城方向走去。

和歌山城的雄偉秀麗天守閣被櫻花襯托的異常美麗，可是那城下周圍混亂的人潮、小食攤位、烤雞串的香氣和櫻花樹下的喧鬧賞花宴席，都不在預想之中。沒預想是Milly的失算，於是在氣咻咻的爬上虎伏山丘，拍了櫻花配上和歌山城天守閣的美好構圖後，就快快撤退返回和歌山車站。

〃食堂ことぶき〃

若是這趟和歌山市當日往返小旅行，只是去了貴志站和和歌山城，卻沒有去到那間咖啡屋吃那美味午餐，Milly幾乎可以確認應該不會再次踏上和歌山市，貴志線在可愛體驗過就已經可以滿足。

真的是好好吃的午餐，甚至可以說這或許是Milly在日本的咖啡屋吃過的午餐中，最最美味的一餐，午餐已經充分美味，餐後的甜點鬆餅又繼續加分。

這讓Milly留下好好吃記憶的咖啡屋是「Deli+Table ti.po」，位在從和歌山車站走路過去約十五分鐘位置的大新公園、大新國小附近的巷道內。二〇一七年八月十五日，ti.po更改營業形式，改名為「食堂ことぶき（KOTOBUKI）」。

建議前去方式是先順著站前はやき大通往前，遇到第一條馬路「柳通」後右轉，向前直走約三分鐘後，進入左邊的畑屋敷葛屋丁區塊再循著地址找尋。

食堂ことぶき店前有三個停車位，鋪設草皮的庭院有通往木門的枕木步道，建築外觀是黑色的水泥牆配上格子窗。長形的店內空間有開放廚房和櫃檯、大木桌、四人桌位等二十人以上的座位。

Milly當時點的是950日圓每天更換菜色的午餐，是以無農藥糙米配上以有機野菜調理的自然食。菜餚中還有魚和肉，強調的不是全素食而是有機基礎下的均衡營養。健康、自然同時兼顧的午餐套餐，擺盤的視覺已經讓人食慾大增，吃完後更是對那美味印象深刻。每份菜餚份量都不是太多卻用了多種蔬菜，看得出下了功夫吃得到細緻的調味和手藝。食堂目前則是選用和歌山地產地銷的食材，依照時節定期更換菜色，以套餐形式提供和式定食。

餐具用的是知名作家老師的食器，這些可愛小巧的風味食器讓料理更加美味起來。店主阪本小姐會親自到作家工作室，親身去看去觸摸找出符合心意的作品，除了作家渡辺キエ小姐的作品，還有其他作家老師的商品及雜貨，目前以線上商店方式販售。

餐後享用了配上當季水果、放在食器作品上的厚燒鬆餅，還刻意的將前去吃中飯的時間挪後呢。在點午

餐套餐的同時就已經點餐，現烤鬆餅要花費二十分鐘的時間，午餐結束剛好可以上桌。餐後熱騰騰送上目測高度約五公分的鬆餅，模樣簡單卻是蛋香濃郁又入口鬆嫩濕滑，完全沒有失敗鬆餅的乾澀。這人氣的超厚鬆餅也繼續保留在食堂ことぶき的菜單上，不過僅限週末及假日供應。

Deli+Table ti.po 是空間、料理、點心都願意不吝嗇給高分的咖啡屋，日後想起和歌山除了可愛的貓咪站長，也一定會想起這裡的美味定食午餐。調整為食堂ことぶき後的餐點內容同樣令人喜愛。

食堂ことぶき
和歌山市畑屋敷葛屋丁 22
11:00 ~ 17:30（16:30L.O）、週六週日假日 ~ 18:30（17:30L.O）、週五週六晚間營業 18:30 ~ 22:30（21:30L.O），週五白天公休

神戶

隨興在東方浪漫

FROM 京都 TO 神戶

京都到神戶可以搭乘的列車很多，快速列車一小時多就可以到達，車費是 1,080 日圓。當日往返旅行要決定的反而是在哪一站下車，利用新幹線從京都到新神戶不過是三十分鐘，可是新神戶周邊卻不是神戶主要的逛街、消費區。會建議在「三ノ宮」或「元町」下車，以三ノ宮車站周邊、北野異人館區、元町中華街、大丸百貨來消費神戶。

PS：「三宮」和「三ノ宮」有什麼不同？這兩個地名可不是因中文和日文念法而不同，而是跟著鐵道系統站名不同而有不同的稱呼方式。三ノ宮站是單指ＪＲ西日本東海道本線上的車站，ＪＲ系統以外不論是阪神電気鉄道（阪神）、阪急電鉄（阪急）、神戶新交通（ポートアイランド線輕軌電車）、神戶市交通局（神戶市営地下鉄）則都稱三宮站。

ABOUT 神戶

說到神戶首先會想到港口，的確神戶是一個因為港口而充滿異國風情的地方。觀光特色有中華街、異人館、歐風舊居留區、八甲山夜景。至於神戶特色美食，最直接聯想的是神戶牛、港口洋食（神戶系洋食）和中華料理。

新舊融合的極品美食

神戶的洋食是神戶系的洋食，以為不該是在一般西餐廳吃，或許該選擇更庶民風的食堂，才能窺看到洋食在神戶深入民間飲食後的變貌。

搜尋資料發現一間位在站前地下商場美食街內的老鋪食堂內，有一個很符合神戶系的洋食午餐。

食堂是「グリル金プラ（GRILL KINPURA）」，位在センタープラザ（CENTER PLAZA）B1F，編號：52。

那麼首先必須要找到センタープラザ在哪裡。跟大丸百貨、舊居留地周邊品牌、高級服飾林立的街景不同，三宮站前~元町間的商店街較偏向大眾化，大樓、商場、天橋、騎樓混雜一時讓人摸不著頭緒。

嘗試掌握的大致分布是，三宮車站地下是擁有服飾、雜貨、甜點、美食等一百二十多間店鋪的「santica」

地下街，地面上看去有SOGO百貨、車站正面還可以看見一個符合年輕流行的「mint神戶」複合式大樓。以拱廊覆蓋的站前大型商店街是「KOBE三宮センター街（神戸三宮中心街）」，從花壇路一直延伸到鯉川筋，商店街裡面有讓人眼花撩亂的電器量販店、人型書店、日用品店、飾品店、藥妝店、平價服飾店、運動休閒服飾店……置身其中一不小心就會迷亂方位。這時可以利用稱為「三宮HATENA」的商店街總和案內所詢問，中文、英文都有通。

KOBE三宮センター街內有以三棟大樓「さんプラザ」「センタープラザ」「センタープラザ西館」組成的「さんセンタープラザ（SAN CENTER PLAZA）」。

大眾食堂「グリル金プラ」就位在其中「センタープラザ（CENTER PLAZA）」的地下一樓，也有人稱這是「センタープラザ東館（CENTER PLAZA東館）」。

CENTER PLAZA的地下美食街，是會讓人食慾大增的區域，一間連著一間的風味懷舊風餐廳，彷彿是往昔神戶日常美食的縮影。

拉麵、大阪燒、中華料理、烏龍麵、定食、洋食、咖哩飯、煎餃……空間內充斥著各種食物的香氣。想吃神戶牛這裡有「神戶牛 吉祥吉 三宮店」，神戶牛排是2500日圓起。其中人氣最旺，讓Milly一度想改變主意排隊吃吃的是炒麵店「長田本庄軒」。

至於鎖定目標的神戶風洋食除了「グリル金プラ」外，二十年歷史老鋪「ガンジ（GANJI）」也是推薦，但是這間洋食屋是以港口風洋食咖哩為主不是洋風定食。

「グリル金プラ」外觀和價位走的都是大眾食堂風格，加入自家製醬料的ハイシライス（牛肉飯），一大盤才800日圓，份量十足的蛋包飯同樣是800日圓。

Milly點了920日圓「觀光客凱子版」的昔日洋食定食，「觀光客凱子版」是私下給的稱號，真正的名

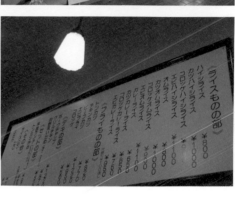

稱是「洋食ランチ（洋食 LUNCH）」。因為後來發現在地人，都是點那沒寫在牆上菜單的750日圓A定食，跟洋食ランチ內容相似度高達90％以上，價位卻是差很多（炸蝦換成炸魚，少了煎蛋而已）。

洋食ランチ熱量十足，炸蝦、馬鈴薯餅、煎蛋捲、美乃滋義大利麵配上白飯和豬肉味噌湯，模樣不是很精緻卻是扎實的家庭口味。桌椅排得緊密，十五個人進來用餐就客滿，空間內洋溢著昭和風情，熱氣騰騰的廚房內是上了些年紀的大廚、跑堂的也是像是媽媽一樣的女店員，眼前的景象讓 Milly 想起了日本漫畫《孤獨的美食家》最偏愛的人情食堂，這樣的用餐空間總會讓樸實的料理更加好吃起來。

グリル金プラ
神戸市中央区三宮町 1-9-1 センタープラザ東館 B1F
11:30～15:30、17:00～19:30，週一公休

一百四十年老飯店的早餐時光

神戶逛街好地方是坐落有多棟洋館風貌歷史建築的「舊居留地」，有說法這裡是神戶最像神戶的地方。這個歐風古典建築林立的區塊，原本是明治時期來到神戶發展貿易的歐美人士住宅區，現在一些被改建為西餐廳、咖啡屋，有的則是保留下來成為文物館、博物館。

舊居留地內原址是「38番地」的大丸百貨店為融合同區的氣氛，建築設計彷如一座石造古典建築物，還設立了瓦斯燈、花鐘，增添歐陸風情。面對行道樹大街上高挑拱廊下是有著殖民風情的「Caffera 大丸神戶店」露天咖啡座，是神戶貴婦團喜歡的聚會場所。

大丸百貨店神戶店旁有舊居留地最老的歐式建築「旧居留地38番館」，內販售名牌服飾店，百貨

公司附近還有幾處也是由大丸規劃的名牌服飾店面「BLOCK」系列。

Milly 以為舊居留地是神戶日後最值得期待的區域，從很多地方都可以窺看到一些新的想法，正以優雅異國風情為資源發展出更多質感的消費空間。

不是只是消耗昔日風情，例如同樣是神戶異國風情為主的北野異人館區，在不破壞原有氛圍的前提下，賦與老建築新的感性讓昔日和今日美學得以共存。

已經華麗轉身的其中一個精采變貌，正是全面重建的百年老店 ORIENTAL HOTEL。

當初為了從櫻花季節大阪、京都的高價位飯店預約中脫出，Milly 住進了新開幕有著優惠方案的三宮站前「Daiwa Roynet Hotel」。只是那原本想奢華一些，預約住宿 ORIENTAL HOTEL 的意念卻怎麼都不能消散，於是就決定不如先到那可以眺望神戶港的頂樓餐廳吃個優雅的早餐，至少也算是消費過這跨越

一百四十年歷史的HOTEL。

位在舊居留地的ORIENTAL HOTEL於一八七〇年開幕，是日本最古老的飯店之一，當初是居留地內外國人專用飯店，二次大戰後轉身成為政商名流的社交場所。看盡神戶的昔日風華，也跟著神戶的歷史一起走進二十一世紀。

第四代的ORIENTAL HOTEL在阪神大地震中損毀遭到解體的命運，十五年後於原地「京町25番地」再建，二〇一〇年三月，ORIENTAL HOTEL經過重生開幕。

空間上保有了高質感的異國情緒，同時加入了新與舊融合的設計，走低調奢華風格。一樓入口典雅卻不奢華，一早搭乘電梯來到頂樓十七樓，先是看見大廳映入眼簾的是獨立火爐。另一邊則是可以遠眺神戶港灣的大落地窗，窗前有一排面海的印花椅墊藤椅，配上觀葉植物和天井旋轉風扇，讓掛上東方壁毯的大廳添加了南國度假氣氛。

六點半開始的自助早餐，位在大廳旁有著開放廚房的「MAIN DINING by THE HOUSE OF PACIFIC」。天井垂掛古典風扇的餐廳同樣有著度假旅館氣氛，不過是更偏向印度頂級度假旅店的印象。長型的空間內以拱型屋頂、懷舊風燈具，營造出空間的古典奢華。

2600日圓的自助早餐，除了可以享用質感很高的新鮮果汁、麵包、火腿、沙拉自助吧外，還可以點一份現做的單品早餐，像是蛋捲、荷包蛋等，Milly則是點了以豆乳和黃豆粉做出的鬆餅。當然也不忘記去拿了飲茶點心的水晶餃、珍珠丸子和燒賣，沒想到Milly神戶小旅行的中華料理體驗是在早餐完成。

這樣一大早前往ORIENTAL HOTEL吃早餐還有一個附加的樂趣，就是清晨六點多從住宿的三宮站前「Daiwa Roynet Hotel」一路走向ORIENTAL HOTEL時，沿路街道有著人潮湧入時完全不同的清爽寬闊。

神戶是一個很擅於用花來妝點市容的城市，行走期間有綠意有花叢像是在一個宏大的公園散步一般，都市建築也很有特色，古典的、現代的、歐風的、懷舊的。

當然還是會看見一些較不協調的畫面，像是商店街入口居然有一座大紅色的「生田宮」鳥居，在市中心的大丸百貨旁有一座規模完整的「三宮神社」。

神戶就是這樣的一個可以豁達容納東方西方、傳統現代共生的城市。

ORIENTAL HOTEL
www.orientalhotel.jp

回憶的散步路線

這趟半日神戶小旅的目標放在「回憶」，想去重複一下多年前來到神戶時的路徑。

首先是從三宮站前搭上巴士，兩站後於「加納二丁目」站下車，要去找間教會內的咖啡屋「Cafe Freundlieb（カフェ フロインドリーブ本店）」。不搭乘巴士也可以沿著「フラワーロード」爬著緩坡上去，走路過去約是十五分鐘。從JR新神戶（新幹線）車站走過去大約是十分鐘，咖啡屋附近沒有其他觀光據點或是人氣商店、HOTEL，因此要前去這咖啡屋一定是「專程」前去而不是順道。

下了巴士往三宮車站方向往前走，先是發現人行陸橋下有棟被攀藤植物完全覆蓋的建築，恍一看還以為是廢棄的房屋，貼近再看居然是開業於一九二二年的酒吧「ACADEMY BAR」。後來查看資料，這還是在

Cafe Freundlieb

酒吧林立的神戶內最古老的一間BAR，大文豪谷崎潤一郎也是這裡的常客，營業時間只有晚上七點到十二點。

〃Cafe Freundlieb〃

從ACADEMY BAR旁巷弄轉進去，不到兩分鐘右手邊就可以看見一棟歐風教會，咖啡屋就在教會二樓，說是教會其實已經不是教會。

原址上本有座於一九二八年竣工的神戶ユニオン教会，平成四年（一九九二年）移轉到其他區域教會也暫時變成了空屋。三年後遭遇阪神大地震教會建築毀損，好在破壞不致太嚴重，之後更由也是信徒的老鋪德國麵包屋Freundlieb老闆出面收購，將一樓設為麵包屋，二樓則改裝為Cafe Freundlieb。改裝時保留了教會建築原本的結構，一九九九年建築本體還獲選登錄為國有文化財。

一樓麵包屋除了基本的德國麵包、黑森林蛋糕和果

Cafe Freundlieb

醬外，那星型脆派餅乾更儼然是神戶大人氣的伴手禮。

二樓咖啡屋空間非常寬敞，透過彩繪玻璃灑入的光線充分明亮。以教會原來的聖堂內部改建，空間特色於是有教會特有的拱型屋頂，屋頂下的木樑構造更是吸引其他建築師刻意前來參觀。

咖啡屋早餐、午餐以自家麵包屋吐司做出的三明治套餐為主。Milly 只是點了栗子酥皮麵包配上一壺神戶人氣紅茶屋的「TEA HOUSE MUSICA」紅茶當做點心時間，紅茶端上來時還附上 freundlieb 的招牌點心餅乾。可惜前一回來時吃過的焦糖布丁，已停止供應。

Cafe Freundlieb
神戸市中央区生田町 4-6-15
10:00～19:00，週三公休

離開 Cafe Freundlieb 再次搭乘巴士回到三宮車站，之後從三宮車站後方走去生田神社，穿過生田神社一路爬坡往「北野異人館」前進。繞過一段「北野異人館」區域後，就下坡再次以「神戶北野 HOTEL」為目標散步去。

神戶北野 HOTEL 是憧憬住宿的旅宿之一，除了那彷彿位在瑞士山腳的建築外，也因為這裡可以吃到號稱世界第一的早餐。這世界第一的早餐不是起源於 HOTEL 本身，而是得到了法國米其林三星的世界第一早餐食譜，神戶北野 HOTEL 將這早餐重現提供給住宿的客人，早餐可不便宜，包含服務費要 6500 日圓以上。

北野 HOTEL 不是以度假飯店自居，反而設定為オーベルジュ（Auberge），是法國稱在郊外附設有住宿設施的餐廳。由此可見 HOTEL 對自己的料理有著一定的自信和自我要求。

而後在返回元町站途中，偶然發現一個可愛的，可以融入神戶異國風情又能顯現特色的北歐雜貨咖啡屋「Markaa（マルカ）」。

〃markka〃

位在二樓的 markka 真的是可愛又小巧，店內擺滿了北歐特有的幾何圖案、花朵設計風雜貨。店主當初只是以網路販售北歐雜貨，之後順應顧客需求在二〇〇九年開了這間實體店，因此店內的品項才能如此豐富。

只要是跟北歐相關的不只是雜貨、餐具，還有繪本、書籍和ＣＤ。店內放置了三張北歐家具桌椅作為咖啡空間，去到時靠窗的大桌還正在進行北歐雜貨手工教室。正因為有活動舉辦，店主無法兼顧，咖啡屋當日是不營業的。

不是咖啡屋不存在而是咖啡屋那天是以活動為主，可以入內購買、參觀店內北歐雜貨、餐具，但無法吃到那放在漂亮北歐餐具上的北歐家庭點心和北歐風燻鮭魚、肉丸子的 LUNCH。

這天難道是 Milly 跟美好午餐無緣的一天？於是就只能在店內買了一個外帶包裝，稱為ハッロングロッ

Markka

トル（Hallongrottor）的北歐小點心填填肚子。

markka
神戸市中央区山本通 3-1-2 2F
11:00～19:00，週三週四公休

沒能吃到午餐反而是吃了兩份點心，一肚子甜蜜的折返回到元町車站。

搭上電車前忍不住排隊買了兩個熱騰騰的「551 蓬萊」中華大肉包，551 蓬萊肉包（551 蓬萊 豚まん），熱熱的吃還真是頗好吃的。雖說日本的大肉包跟我們吃的肉包，邏輯還真是不太一樣，日本的肉包較大，論模樣和味道，或許較偏向上海和香港茶樓的「大包」。大多沒放入高麗菜、白菜，551 蓬萊放入的青菜居然是洋蔥喔。

而且這筆帳還不能算在神戶中華美食上，因為 551 蓬萊是大阪的「名物」，本店也在大阪並不屬於神戶

美食。551蓬萊肉包首次出現是在一九四六年，出自姓羅的老闆創業的中國菜「蓬萊食堂」，現在已經是一天要賣出十四萬顆以上的大人氣商品。

無論如何，Milly的二〇一三年版本神戶小旅行，就在兩粒大肉包畫上句點。

京都～宇治～伏見～神戸

二〇一七年十一月底京都楓紅最豔麗時節，暫且避開人潮，使用最後一日期限的「KANSAI WIDE AREA（關西廣域鐵路周遊券）」，從京都一大早來到「宇治」。

〃宇治川霧〃

原本只是想看看傳聞中好天氣下，晨間於平等院面向的宇治川上飄渺的川霧，卻不知在幾乎無遊人往來的朝霧橋上，於眺望如同幻境的寧靜川霧景致同時，還可觀賞到川畔絢麗燦爛的楓紅。

寧靜中愉悅散步後，來到二〇一七年三月開店，世界遺產平等院鳳凰堂前，以「與自然融為一體」為理念設計，隨處可見古雅庭院的「星巴克京都宇治平等院表参道店」，點了抹茶飲品、抹茶蛋糕，來到宇治就難免如同被催眠般的吃喝抹茶。

宇治有許多品嘗抹茶點心的咖啡屋，但唯有星巴克一早八點開始營業又貼近平等院，佔了絕佳優勢。

此次純屬「晨間宇治」收藏過境，連最愛的平等院也沒能停留，連由宇治茶陶老鋪「朝日燒」第十六代老闆企劃，面對宇治川的「朝日焼 shop & gallery」，都只是匆匆一瞥其清新不失典雅的外觀，就又轉車前往「伏見稻荷」。

〃伏見稻荷幽靜角落〃

某年於日本新年，為了見識京都最人氣初詣據點，來到「伏見稻荷」湊熱鬧，被浪潮般湧入人潮嚇得落荒而逃後，就沒有再踏入境內。此次為探訪一間澳洲風格的澳洲精品咖啡店「Vermillion café」，才得以鼓起興致再次前去。

到達時上午十點不到，出了車站就被人潮震撼，到了伏見稻荷境內，更是大大見識到伏見稻荷是「外国人に人気の観光スポット（外國人選出的人氣觀光據

Vermillion café

點）」，連續四年全國第一的氣勢！

所以當從本殿北側叉路前進，走入位在「八島ヶ池」邊上的「Vermillion café」，選在露台座位喝著專業的拿鐵，迎著暖暖朝陽，聽著穿梭林間鳥聲時，真的只能以奇蹟來稱之。

「Vermillion café」於二〇一六年五月開店，店主夫婦將移住多年的澳洲墨爾本咖啡店形式，引進到如此傳統區域的伏見稻荷真是大膽嘗試。店名Vermillion是紅色的意思，以此來象徵所在位置伏見稻荷鳥居的朱紅色，除此之外點心也會加上鳥居可愛圖案。店內採用的是京都人氣烘焙屋「WEEKENDERS COFFEE」咖啡豆，有西方外籍店員常駐，其他店員英文溝通沒問題，這也是這咖啡屋的潛力之一。當然幽靜更是一大優點，希望這優點不要太快消失。

Vermillion café
京都市伏見区深草開土口町 5-31
9:00～17:30（不定休）

伏見稲荷 千本いなり

伏見稻荷站前還有間「Vermillion café」的姊妹店「Vermillion - espresso bar & info.」，不過店內空間小很多，人多時就難免要排隊進入。

另一個混亂中的伏見稻荷清新小推薦，是位在京阪電車伏見稻荷站內的豆皮壽司專門店「伏見稲荷 千本いなり」。被店頭清新、可愛模樣給吸引，買了個創意豆皮壽司來吃，味道極為清爽，炎熱夏日享用勢必也適宜。

〃神戶再挑戰〃

「京阪神」是深印在定義下的關西旅行區塊，只是近年即使來到關西，多數把時間放在京都，大阪是進出關西機場與返國前採購的中繼站，偶而來到神戶則是當日往返短暫停留。或許是對於神戶遊樂重點的異國風，尤其是各種中式包子店、甜品店、中菜館引不起興致吧。要去尋覓在地人質感消費個性商店，又經常被鬧區元町、三宮站前過於龐大的商店街群給攪擾

金時食堂

路徑動向。加上未能氣派大啖神戶牛，總將神戶放在備案，沒能給充分日夜時分，以至於始終未能體會神戶魅力。

神戶真的這樣無趣？隱約相信神戶必然有未曾發掘的情緒角落，於是在離開伏見稻荷後，就又返回京都車站直奔神戶。

慎重起見，先在書店買了本最新的神戶在地導覽專題雜誌，翻閱後第一目標鎖定雜居老舊大樓內，在地設計師兼「書庫 B.AR」店主大推，距離元町站走路一分鐘，可以享用窯烤披薩與自然酒的「caldo」。好不容易尋覓來到店前，門口居然貼著因器具維修，臨時改為晚上開店的通知。「果真跟神戶八字不合？」更嘔的是，當日是週二，一些想去的甜品屋、選物店偏偏都是週二定休日。

好在就在「caldo」雜居大廈轉角一樓巷弄內，一間堪稱國寶級的「金時食堂」，扭轉了不運態勢。

光看去一九五一年開店的「金時食堂」店頭昭和風情已著迷，察覺是不容錯過的美味體驗。拉開店門，

RAVO BAKE COFFEE

立刻一股熱氣湧上，在與阿伯、大嬸、上班族中擠身併桌，點了炸雞定食（定食幾乎都是均一720日圓），很快的茶水、小菜、醬菜、味噌湯、大碗白飯與熱呼呼放滿蔬菜沙拉的炸雞就端上，看似老闆的大叔，此時會在泛黃白紙片寫上價錢放在餐食盤邊，付帳時就完全憑著這張不小心會誤認為廢紙的紙張結帳。

炸雞、小菜都是絕佳美味，但是更棒的菜餚則是這店內的眾生百態。

「金時食堂」雜亂喧鬧中充滿溫暖人情，服務生流暢敏捷上菜點餐，是不折不扣的老鋪食堂氣氛，午餐時分坐無虛席的客人群像卻是異常分歧。有帶著小錢包用餐的OL上班女子、有掛著通行證外商風菁英上司部下男子團、有簡直把這裡當自家餐桌大白天就喝酒歡愉的阿伯組、還有看似天涯淪落的男女，Milly這樣的觀光客只是少數，在這氣場中要舉起相機拍照，真是需要很大的勇氣，所以若是好奇請自行體驗，必定不會失望。

讓人上癮的氛圍、誠實的美味料理，如居住在附近

MAISON ET TRAVAIL

CARRERA coffee

一定會突然就想來這如同城市綠洲般的食堂用餐。

金時食堂
神戸市中央区元町通 1-7-2
10:30 ~ 21:00、週六 ~ 20:00、週日 ~ 19:00，國定假日公休

體驗了神戶傳奇食堂後，為了尋找一間美容院併設的精品咖啡屋「CARRERA coffee」與美好生活選物店「MAISON ET TRAVAIL」，開始穿過元町鐵道下通路，朝以往未曾留意的鯉川筋方向前去（筋跟通相同也是道路的意思）。

從鯉川筋上小時尚的小籠包中菜店旁轉入巷弄，不久就被另一間預期外的咖啡座「RAVO BAKE COFFEE」吸引，點了杯冰拿鐵坐在店前板凳小歇。咖啡好喝、都會風情規格也喜歡。只是，等真的找到附近「CARRERA coffee」時，已沒有額外咖啡胃可以享用了。

安全速度
20
ル・パン

在「CARRERA coffee」與「RAVO BAKE COFFEE」周邊，看見好多讓人好奇的餐廳、服飾、雜貨店家。像是服飾選物店「calm」、雜貨屋「SHOOBY DOOBY」、女子力小物咖啡甜品屋「toiro」、wine stand「caprino」……直覺這區塊勢必是下回重遊神戶重點。

同樣讓Milly挑起再挑戰神戶興致的，還有將舊郵局改裝的「MAISON ET TRAVAIL」，以及其所在位置的坡道周邊。諸如：腳踏車附屬的自家製鬆餅咖啡店「Spark Scone&bicycle」、隱藏在地下室日本人開的越南餐廳「コムコカ」、得過世界巧克力世界冠軍的糕點鋪「L'AVENUE（ラヴニュー）」。

如此走走逛逛，周遭景致開始牽動記憶，原來不知不覺中又來到二〇一三年神戶晃盪時的終點站，北歐雜貨咖啡屋「markka」。

附錄

從京都出發的計算

京都和從京都出發的小旅行，或許還是要先明白什麼是「JR WEST PASS（關西JR周遊券）」。（以官方網站二〇一八年度公布的大人票券日幣價格為準參考）

關西JR周遊券分為「WEST KANSAI AREA（關西地區鐵路周遊券）」和「KANSAI WIDE AREA（關西廣域鐵路周遊券）」兩類。

「WEST KANSAI AREA」又分為一天、二天、三天、四天，票券價格分別是2,200日圓、4,300日圓、5,300日圓、6,300日圓。

在有效期間內，大致可利用搭乘的列車與範圍如下：

◆可搭乘關西機場特快HARUKA號（限普通車廂自由席）

◆可無限次搭乘指定區域內京都、大阪、神戶、姬

路、奈良、姬路、和歌山、滋賀、敦賀的新快速、快速、普通列車的普通車廂自由席，以及區域內ＪＲ西日本巴士。

◆ 不適用於新幹線、市營地鐵、私鐵、嵯峨野小火車。

可連續使用五天的「KANSAI WIDE AREA」票券價格為9,000日圓，在有效期間內可搭乘：

◆ 適用範圍內的ＪＲ西日本之特急（特快）、新快速、快速、普通列車自由席，得以前往和歌山、南紀地方的新宮、白浜，城岐溫泉，滋賀的長浜、敦賀、彥根，還可以前往山陰地區的鳥取與四國的高松。

◆ 可搭乘新大阪～岡山（包含NOZOMI、MIZUHO）的山陽新幹線自由席，需特別留意的是，無法搭乘新大阪～京都之間的東海道新幹線。

◆ 可搭乘關西機場特快HARUKA號（限普通車廂自由席）。

◆ 可搭乘區域內ＪＲ西日本巴士，不適用市營地

鐵、嵯峨野小火車。

◆最大的特色是可搭乘京都丹後鐵道（含特急列車自由席）、和歌山電鐵貴志線（和歌山～貴志）。

「關西ＪＲ周遊券」幾乎年年都擴大使用範圍，價格、天數與販售方式也會更新，例如二〇一七年開始可透過旅行社購買實體票，免除到達關西機場後排隊兌換的時間耗損，此外自行透過官方網路預定購買，也可享優惠價格。建議預備行程時，提前利用ＪＲ西日本官方網站（westjr.co.jp）查詢最新動向與優惠。

ごみのポイ捨て禁止
京都市

就又去了京都

Milly的關西旅宿、美食、微醺與小旅之美好片段

（原：三回目的京都）

作　　者　Milly
裝幀設計　黃畇嘉
行銷企劃　王涵、張瓊瑜、陳雅雯、余一霞、汪佳穎、王綬晨、邱紹溢、郭其彬
主　　編　王辰元
總 編 輯　趙啟麟
發 行 人　蘇拾平
出　　版　啟動文化
台北市105松山區復興北路333號11樓之4
電話：（02）2718-2001　傳真：（02）2718-1258
Email：onbooks@andbooks.com.tw
發　　行　大雁文化事業股份有限公司
台北市105松山區復興北路333號11樓之4
24小時傳真服務（02）2718-1258
Email：andbooks@andbooks.com.tw
劃撥帳號：19983379
戶名：大雁文化事業股份有限公司
二版二刷　2019年7月
定　　價　380元
ＩＳＢＮ　978-986-493-081-4

歡迎光臨大雁出版基地官網www.andbooks.com.tw
訂閱電子報

國家圖書館出版品預行編目(CIP)資料

就又去了京都 / Milly著. -- 二版. -- 臺北市：
啟動文化出版：大雁文化發行, 2018.03
面；　公分
ISBN 978-986-493-081-4(平裝)

1.遊記 2.日本京都市

731.75219　　107002844